樂律

父職進化論

踏上爸爸的肩膀
讓孩子觸碰到他想要的天空

喆媽 著

鼓勵代替責備、傾聽代替教訓……

10 招教會「好爸爸」如何養出「好小孩」

用心陪伴，點亮孩子心中希望 | 以愛守護，打造人生堅實根基

父親 是孩子成長路上
不可或缺的溫暖與力量

目錄

目 錄

前言

時間是回憶的塑造者，也是培養感情的必備條件。孩子的童年是短暫的，轉眼間你會發現孩子已經長大。為了不留遺憾，父親不妨從此時此刻開始放慢腳步，用心和智慧去陪伴孩子、教育孩子、愛孩子，做好孩子童年的守護者和指引者。

隨著社會壓力的增加，父親總是以「工作忙」、「壓力大」為理由，縮減陪伴孩子的時間，認為只要自己為孩子創造足夠豐富的物質生活條件，就能讓孩子感受到偉大的父愛，殊不知良好的物質生活並不能代替父愛。很多時候，孩子需要的是父親耐心的陪伴，而不是父親給予的物質享受。

在陪伴孩子的過程中，如果父親願意付出，就一定會收穫滿滿。陪伴孩子是一門學問，正確陪伴孩子成長，父愛會成為孩子心目中的暖陽。爸爸不能缺席孩子的教育，面對與孩子的衝突，父親要冷靜應對，千萬不要暴躁地對待孩子，吼罵只會讓孩子口服心不服。如果父親將孩子當作「出氣筒」，將自己的負面情緒帶到生活中，勢必會影響親子之間的感情。與孩子相處，父親也不能實施軟暴力，要尊重孩子，給足孩子「面子」。尤其是在孩子犯錯之後，一定要照顧到孩子的心情，要做到就事論事，不要翻舊帳，更不要擴大孩子的過錯，製造孩子的恐慌感。真正愛孩子的父親不會對孩子進行負面比較來傷害孩子的自尊心，而是透過正面溝通，了解孩子的情緒變化。不僅如此，還要透過親子互動，讓孩子感受到父愛的力量和偉大，從而讓孩子從心底裡尊重父親。孩子如同一片葉子，每片葉子上的葉脈都是不一樣的，每個孩子也是不一樣的。因此，父親要善於包容孩子的與眾不同，這裡的與眾不同包含孩子的缺點，誠懇地接受孩子的「不完美」，保持童心，別誤解孩子的善心。多用讚美的語言鼓勵孩子，幫助孩子獲得自信。

父親陪伴孩子，不僅僅是站在孩子面前、坐在孩子面前做自己的事情，而是要在孩子遇到困難時，設身處地地給予孩子一定的指導，在孩子需要幫助的時候能夠及時「挺身而出」，在孩子成功的時候，能夠及時遏制孩子自滿的心理。父親需要培養孩子的情商，讓孩子懂自愛、有自尊，理解孩子的內心，與孩子共情，從而獲得孩子的信任。

一位優秀的爸爸能夠感知孩子的心理變化，了解孩子的情緒變化，發掘孩子情感背後的真相，搭建與孩子溝通的橋梁。這本書從如何正確陪伴孩子，到如何培養孩子的情商，詳細闡述了陪伴孩子的技巧，幫助父親利用有限的精力和時間去認真陪伴孩子，讓孩子在成長的過程中充分感受到父愛的偉大，從而讓父子、父女的感情更加深厚。

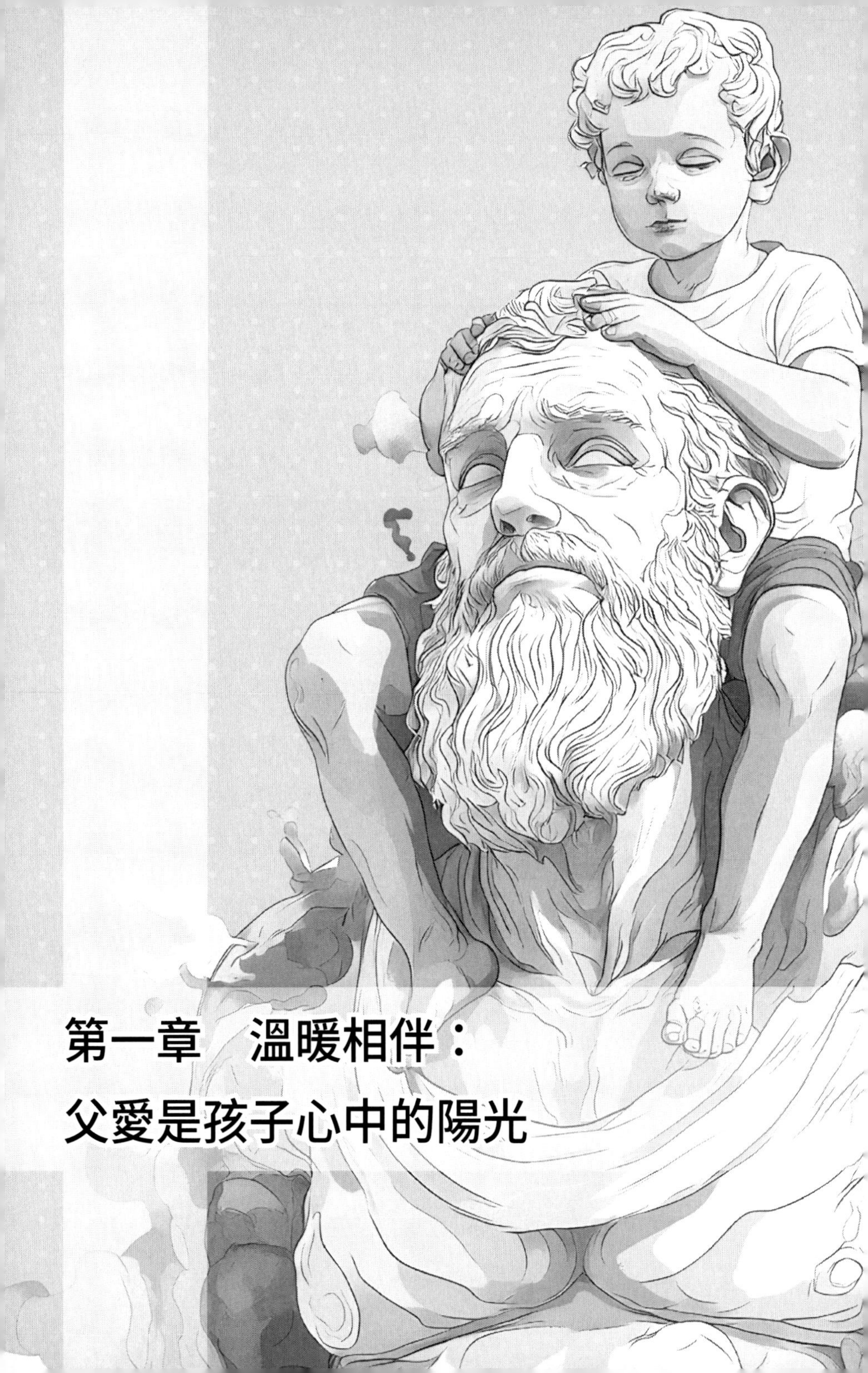

第一章　溫暖相伴：父愛是孩子心中的陽光

孩子的成長，爸爸不能缺席

很多爸爸習慣性地認為自己只要在外工作賺錢就好了，家裡的一切似乎和自己沒有關係，甚至對於孩子的教育也理所當然地認為是妻子的事情。因此，爸爸陪孩子玩遊戲、學習，這樣的場景在很多家庭都很難出現，只有少部分孩子會說爸爸帶自己出去玩、爸爸經常陪自己，這讓很多家長不禁心裡一緊，為什麼爸爸不能經常陪伴孩子呢？難道爸爸真的忙得沒有時間陪伴孩子嗎？

從學校老師的回饋中，我們也能夠發現，無論是開家長會，還是參加學校的親子活動，多半都是媽媽陪伴孩子，只有極少數的家庭是爸爸來學校參加活動。很多爸爸很少關注孩子的成長，在孩子成長中投入的精力不夠，這是很常見的事情。暫且不論在家庭教育中父愛缺失會帶給孩子多少不好的影響，就單論可能對孩子造成的心理影響來說，也絕對不是我們能想到的。

那麼，究竟是什麼原因導致爸爸陪伴孩子的時間減少、爸爸教育缺席的呢？

一方面，很多父母的傳統社會角色觀念依然很重，認為「男主外，女主內」是正常的，在社會上男女角色本就存在一定的差別，不少家庭一直保持著爸爸賺錢養家，媽媽在家照顧孩子的傳統，正是這種傳統思想的影響，使得不少爸爸將教育孩子的責任完全推給了媽媽，認為教育孩子的事情只要媽媽去做就可以了。另一方面，爸爸缺乏教育孩子的經驗，導致很多爸爸不願意參加到教育孩子的行列中，爸爸認為媽媽更了解孩子的學習和生活，既然家裡有一個人可以做，自己也就沒有必要插手了。

爸爸帶小孩案例

有則網路文章講述了一個故事：一個小男孩傻傻地坐在地上，站在他面前的是他的父親。父親因為工作的原因，已經四年沒回家了，而小男孩看到父親就如同看到了陌生人。媽媽衝著小男孩喊道：「快喊『爸爸』呀！爸爸回來了。」小男孩沒有急迫地去擁抱爸爸，而是試探性地走到爸爸身邊。在他的印象中，爸爸的個子很高，但這種印象也只是停留在印象中。在接下來的幾天時間裡，爸爸試圖去陪小男孩玩遊戲，他總是拒絕。爸爸帶他去爬山，他卻膽怯得不敢走陡峭的階梯，甚至在爬山的時候需要拉著大人的手才敢向上爬。

幾天後，爸爸以為自己和孩子的關係拉近了，但是到了晚上，男孩還是拒絕爸爸講故事陪自己睡覺，他還是要找媽媽。即便是白天上學，他也不讓爸爸送。

過了一週，爸爸又要離開家外出工作，男孩沒有不捨和傷心，而是問爸爸：「您走了，媽媽是不是還在家？」

當孩子知道爸爸一個人離開時，他似乎鬆了口氣，因為在他的內心世界裡，只要媽媽陪伴在自己的身邊就足夠了。

看完這則故事，我們不難發現，爸爸在教育孩子的過程中，不能時常陪伴孩子，親子關係自然會受到很大的影響，最終，孩子會習慣性地將爸爸排除在家庭之外。而且長期如此，對孩子的成長也是十分不利的。

爸爸帶小孩妙招

一位教育專家經過研究發現，在家庭中，父親對孩子的陪伴和教育是至關重要的，如果只有母親的陪伴而沒有父親的陪伴，那麼，我們就可以稱之為「喪偶式家庭教育」，這樣的教育是不健全的，對孩子的成長也是有百害而無一利的。

1. 父親教育缺席很容易讓孩子敏感，缺少安全感。

出於男性的膽略，父親會給孩子帶來安全感，而一個家庭中如果爸爸缺席，很容易讓孩子感受不到安全感，久而久之孩子的內心會變得敏感。在孩子的內心中，父親是一個高大偉岸的角色，而父親的陪伴會讓孩子的性格變得豁達。

2. 父親教育缺席會讓孩子缺乏責任感。

教育孩子是父母的責任，對於父親來講，在家庭教育方面應該占主導地位，在一個完整的家庭中，父親的作用是相當重要的。在每個孩子的心中，父親都如同英雄一般，如果一個父親沒有了擔當，沒能陪伴孩子成長，這會讓孩子認為父親是一個可有可無的存在。那麼孩子在長大之後，便會重蹈覆轍，這對他們的家庭、事業來說都是有百害而無一利的，所以父親一定要多參與孩子的成長，孩子才會認為父親是一個有責任、有擔當的人，孩子也會仿效父親，長大後變成有責任心的人。

3. 父親缺席會讓孩子變得膽小懦弱。

因為母親陪伴孩子成長的時間過長，孩子往往會被女性身上的柔弱特質所影響，這樣一來孩子也會變得膽小柔弱，尤其是男孩，他們會缺乏男子氣概。但是如果父親有足夠的時間去陪伴孩子，便會將身上陽剛、勇敢的性格特質傳染給孩子，孩子自然也會變得勇敢、做事果斷。

4. 父親缺席對孩子的智力發育也會產生影響。

孩子的心智是隨著年齡慢慢成熟的，一個孩子如果想要健康成長，僅僅靠母親一個人的努力是不夠的，缺乏父親陪伴的孩子，在對待事物方面是缺乏正確認知的，智商也會受到影響。經過專家研究發現，父親在孩子成長過程中參與度越高，孩子的智力和學習成績就會越好。

父親需要優質、有耐心地陪伴孩子成長。父親要能夠替孩子遮風擋雨，同時也要教會孩子如何自己面對風雨。在孩子成長的道路上，父親扮演著十分重要的角色，無論事業多忙，我們都要花一些時間來陪伴孩子，給予孩子更多的愛。對孩子的教育並不是家庭成員中某一個人的事情，而是需要父母雙方共同完成的。

俗話說得好——「陪伴是最長情的告白」。對於孩子來講，爸爸的陪伴或許勝過千言萬語。有時候孩子需要的不是多麼好的物質生活，而是來自父親的愛和關心。

爸爸帶小孩方法解讀

澳洲的一項研究顯示：當一位男士因為工作消耗了75%的精力時，他回到家之後所呈現出的狀態將非常不佳，他陪伴孩子的時間有時候甚至不足15分鐘。在生活中，許多爸爸並不能優質地陪伴孩子。如果父親不能陪伴孩子成長，那麼孩子是無法體會到父愛的偉大的，自然父親在孩子心目中的地位也就岌岌可危了。

正向關注，爸爸的世界不該只有手機

一位資深兒童心理學專家說過這樣的話：「來自父親的正向關注，對孩子的身心健康是十分有幫助的。」那麼，什麼是正向關注呢？正向關注指的就是家長對孩子主動表現出關心和關愛。正向關注要求爸爸在關注孩子這件事情上必須是由衷主動的，而不是孩子透過各種方法來吸引爸爸的眼球，爸爸才會看一眼孩子。

隨著孩子的長大，爸爸可能會抱有這樣的想法：孩子有自己的朋友，有自己的興趣愛好，所以不用過多地關注孩子，只要孩子聽話就好。因此，爸爸就成了那個下班後長在沙發上的「沙發馬鈴薯」，眼睛裡、腦子裡只有手機裡的搞笑影片、電影和綜藝節目。其實，在整個童年時期，孩子所做的一切無非都是希望得到家人的關注與關心，尤其是來自父親的正向關注，能夠讓孩子獲得更多的動力與鼓舞。

爸爸帶小孩案例

有社會調查節目曾做過一個有趣的街頭採訪，第一組受訪者是一對父子。調查人員首先問 10 歲的男孩：「你知道你爸爸最喜歡吃的是什麼嗎？」男孩笑著回答：「爸爸最愛吃奶奶做的紅燒肉，再就是愛喝酒。」調查者接著問這位父親：「您兒子回答得對不對？」這位父親笑著點頭。調查者接著問道：「那您知道自己兒子最喜歡吃什麼嗎？」這位父親想了五秒鐘，然後不確定地回答道：「應該是漢堡吧。」

還不等調查者提問，小男孩反駁道：「才不是漢堡，我最愛吃您做的炸醬麵。」

父親有些尷尬，急忙反問道：「那為什麼每次媽媽出差，你都要我叫外送漢堡呢？」

小男孩有些著急，回答道：「那還不是因為您一天到晚只知道躺沙發上玩手機，懶得做飯，所以我才要吃漢堡的。」

為了化解尷尬，調查者緊接著又問這位父親：「您每天會花多少時間陪您的兒子？」

這位父親又思索了一會，回答道：「下班之後也沒多少時間，但是每天下班我都在家裡陪他。」

小男孩繼續說道：「您下班之後是在陪手機。」雖然這則街頭採訪看起來很有趣，但是這恰巧反映出一個普遍的社會現象，即爸爸們缺乏對自己孩子的關注，這些「一天到晚只知道躺沙發上玩手機」的爸爸絕對不是少數。不妨回想一下，你已經多久沒有和孩子認真交談了？你是否也像案例中的這位爸爸一樣，連自己孩子最愛吃的食物是什麼都不知道？下面這個例子是我一個朋友親身經歷的一件事情，它更能反映出父親對孩子的關注是多麼的重要。

我的朋友是一位 9 歲女孩的爸爸，他的女兒在學校一直都是老師眼中的「乖學生」。平時老師講課，孩子也很認真聽講，從來不和同學打架、起衝突，老師留的作業，女兒也能按時完成。他一直覺得自己的女兒是老師口中的「好學生」，但是每次考試分數出來，他都會被老師叫到辦公室，因為他女兒的成績總是很差。

面對女兒的考試成績，他很生氣。這次期末考試，他的女兒又考了全班倒數第三名，他忍無可忍，回家質問女兒為什麼平時做題時都會，考試的時候卻都做錯。女兒淡定地回答：「如果我不故意考得很差，恐怕您還只顧著玩手機，根本沒時間關心我吧。」

聽了女兒的話，他突然意識到原來女兒是想要透過這種方式來爭取自己對她的關注。

透過朋友女兒的事例，我們可以看出孩子是多麼希望得到父親的正向關注啊！他們在得不到父親的關注時，可能會選擇用一些偏激的行為來吸引爸爸的注意力。從另一方面來講，這是孩子內心缺乏父愛的一種表現。在孩子故意犯錯後，爸爸們不妨認真回想一下，自己是否平時對孩子的關注度不夠，才導致孩子做出這些出格的行為。

爸爸帶小孩妙招

孩子是每個家庭的未來，在家庭生活中，父親單純的、被動的關注，是不能真正了解孩子的內心世界的。相反，來自父親的正向關注，不僅能讓孩子獲得更多的幸福感，也能讓你更加了解孩子。父親給予孩子正向關注，對孩子的成長究竟有哪些好處呢？首先，爸爸帶孩子的過程中，給予孩子足夠的關注和愛，能夠讓孩子建立起自我形象概念，而健康的自我形象的確能給孩子帶來足夠的自信心；其次，孩子安全感的建立往往來源於成人，而父親帶給孩子的安全感是其他家庭成員所無法替代的；再者，爸爸經常關注孩子的行為和內心，能讓孩子意識到被尊重的感覺。最後，當爸爸正向關注孩子的時候，會了解孩子的心情、性格等各個方面的問題，這對於加深親子感情是十分有幫助的。

既然正向關注對孩子成長如此重要，那麼，爸爸可以透過哪些方面對孩子進行正向關注呢？

1. 關注孩子的心理變化。

隨著年齡的成長，孩子對外界事物已經有了自己的看法和認知，尤其是孩子進入高中階段，他們精力充沛、好奇心很強，但是在願望與實際能力之間還是存在一定差距的，在這個階段孩子很容易做出衝動的事情，情感也是比較脆弱的。因此，爸爸要洞悉孩子的心理變化，細心引導，更要關注孩子的心理問題，讓孩子獲得足夠的安全感。

2. 關心孩子的需求。

無論爸爸們對孩子投入多少精力，都要明白孩子的需求是什麼。孩子有安全感、交友、榮譽感等方面的需求，而對自我需求的滿足，多是透過學校和家庭來實現的。如果孩子從家庭生活或學校生活中無法得到滿足，自然會透過其他途徑來進行自我需求的滿足，比如上網。因此，爸爸不要看到孩子上網就認為會影響孩子的學習和身心健康。爸爸要做的不是指責，而是應該思考如何做才能夠滿足孩子的正常需求，讓孩子獲得更多的幸福感。

3. 關注孩子的情緒變化。

隨著孩子的成長，其對外界的認知也變得越來越敏感，但是他們還不具備較強的自我情緒管理能力。因此，作為父親應該多關注孩子的情緒變化，幫助他們進行情緒管理，避免孩子情緒出現太大的波動。

4. 關注孩子的生活習慣。

好習慣能讓孩子更優秀，相反，壞習慣能誘導孩子犯大錯。因此，爸爸需要對孩子的習慣保持關注，能夠從小事上發現存在的大問題。比如，孩子不能按時起床，看似一件小事，但這是孩子缺乏時間觀念和自我約束力的外在表現。關注孩子的生活小習慣能讓父親更加了解孩子的優缺點，鼓勵孩子繼續發揚優點，幫助孩子改掉缺點，讓孩子獲得成就感。

隨著孩子的成長，他們需要來自父親的關愛不是呈遞減趨勢的。相反，在孩子進入小學之後，他們希望能夠獲得來自父親更多的關注與愛。因此，爸爸們不要認為孩子長大了，不需要自己去關注他們的成長了，從而開始「放飛自我」，日日與手機為伴，忽略孩子的需求與目光。

正向關注孩子的一舉一動是愛孩子最直接的表現形式，如果你想要讓孩子感受到父愛，不妨在帶孩子的時候多關注孩子的喜好，少玩手機遊戲；多關注孩子的心情，少看短影片。

爸爸帶小孩方法解讀

正向關注，需要爸爸們仔細觀察孩子的行為、耐心聆聽孩子的語言和認真洞察孩子的內心，而這些關注行為能讓孩子獲得更多的安全感、幸福感和認同感。當然，正向關注不應該狹義定位為對孩子的監督，而是應該源於父親內心的那份愛與責任。同樣，透過正向關注孩子的成長，爸爸們也可以獲得來自孩子的充分信任、理解和尊重。

孩子傷心無助時，請獻上你的擁抱

都說爸爸多半是「粗線條」的，孩子在傷心難過的時候，第一個想起的就是媽媽，因為爸爸很少會注意到孩子的情緒變化。當然，很多爸爸也並不是不關心孩子，他們只是很少去關注孩子。如果說這類爸爸是因為「粗線條」造成不關心孩子的情況，還有一類爸爸則是因為太過自我，他們能發現孩子的情緒出現了變化，也了解孩子因為某些事情很傷心、無助，但是卻不去主動關心孩子，而是覺得孩子能夠處理好自己的情緒，甚至有些脾氣暴躁的爸爸還會對孩子大吼大叫，覺得孩子太過「任性」或「調皮」。其實，在孩子心情不好，或者是因為某些事情傷心難過的時候，爸爸可以先給孩子一個擁抱，讓孩子明白爸爸了解他們的委屈和無助，給予孩子心靈的安慰，這是十分有必要的。

不管是大人還是孩子，都會有傷心無助的時候。成年人遇到傷心事的時候，尚且希望得到別人的諒解和安慰，希望有人能夠幫助自己，孩子更是如此。他們遇到難過的事情，也會希望爸爸能給予自己安慰，感受到無助的時候，也會希望爸爸能給予自己幫助。

爸爸帶小孩案例

在某綜藝節目中，一位年僅 7 歲的小男孩說了這樣一件事情：「我記得一次考試成績不理想，其實我心裡很難過，我知道自己考得不好。到家之後，爸爸沒有安慰我，而是罵了我一頓，他說我學習不認真，還說花錢送我上這麼好的私立學校，不是讓我去混日子的。其實我當時心裡很委屈，因為我也沒想到這次考得這麼差，平時我也好好學了，老師上課講的我也聽得懂，但是爸爸就認為是我不認真學習造成的，這讓我感到很難過。」

主持人問小男孩想對爸爸說點什麼，小男孩說道：「我希望在我傷心的時候，爸爸別罵我。我很羨慕我們班瑤瑤，瑤瑤說她每次傷心難過的時候，她的爸爸都會抱著她，哄她開心。我知道我是男孩，應該勇敢一點，但是我也希望爸爸能夠在我難過的時候多關注我。」

在生活中，想必很多爸爸都如同這位小男孩的爸爸一樣，在看到孩子犯錯後或是某些事情做得不好的時候，第一反應不是去安慰孩子，而是指責孩子。要知道此時孩子最希望得到爸爸的關愛，而不是吼罵。孩子犯錯時，他們自己心裡是知道的，是愧疚的，孩子無助的時候內心是膽怯的。聰明的爸爸會在這個時候先去安慰孩子，讓孩子有勇氣去面對自己的錯誤或者無助，然後才能從根本上解決問題。

爸爸帶小孩妙招

孩子傷心無助的時候，爸爸要給予孩子更多的愛，讓孩子感受到來自父親的支持和理解，那麼，當孩子傷心無助的時候，爸爸究竟要怎麼做呢？

1. 先安慰孩子，讓孩子的心情平復下來。

孩子是需要安慰的，當孩子內心充滿無助的時候，要讓孩子感覺到自己身後有所依靠，而自己的依靠便是爸爸。當孩子感覺到傷心的時候，爸爸可以抱抱孩子，給孩子足夠的溫暖，用父愛的溫暖來化解孩子內心的無助和恐懼。

2. 父親可以幫孩子分析傷心難過的緣由。

很多時候孩子傷心難過的理由，連他們自己都不清楚，他們只知道自己不開心。爸爸可以幫孩子分析產生難過心情的根源是什麼。比如，孩子因為與朋友吵架而傷心，這個時候爸爸可以幫孩子分析為什麼會吵架，吵架的原因是什麼。不僅如此，還要讓孩子意識到吵架這種處理事情的方式是不正確的。

3. 給予孩子一定的指點，而不是直接幫孩子解決問題。

孩子因為遇到困難而傷心無助，這個時候爸爸要做孩子的「領路人」，給孩子指明方向。但需要注意的是不要直接幫孩子解決問題，而是引導孩子自己去解決問題。只有這樣孩子才能獲得成就感，當他們再次遇到同類事情時，不至於再次感覺到恐懼和無助。

爸爸習慣以威嚴、嚴肅的形象站在孩子面前，因此，在孩子傷心難過的時候，爸爸會認為孩子是因為「懦弱」，或者「任性」才哭泣的。其實，此時孩子最需要得到來自爸爸溫柔的愛。在孩子感到無助的時候，爸爸要成為孩子堅強的後盾，給孩子足夠的勇氣，陪伴孩子去戰勝困難。爸爸在孩子心目中的形象不應該僅僅是高大的，還應該是充滿溫暖且有力量的，這對孩子的成長來說是十分必要的。

爸爸帶小孩方法解讀

對孩子表達愛，這是很多爸爸不擅長的事情。如果孩子犯錯，爸爸習慣性地會先去吼罵孩子，而不是先去安慰孩子，這樣做會讓孩子對爸爸這個角色產生誤解，甚至到了叛逆期的時候，會對爸爸充滿敵意。因此，爸爸要擅長將父愛中溫柔的一面展現給孩子，讓孩子明白爸爸不僅會嚴格地要求他們，還會用溫柔的愛來支持他們。一個生活在溫暖父愛中的孩子，以後無論遇到什麼事情，他的內心都會充滿力量，這種力量能夠讓孩子變得更加勇敢和堅強。

孩子膽小懦弱，巧妙幫孩子解開心結

很多爸爸會發現一個問題，孩子膽子很小，害怕黑暗的地方，即便是爸爸就在身邊；害怕一個人出去扔垃圾，即便垃圾桶就在樓下；害怕與別人打招呼，即便是已經見了很多次的叔叔阿姨；害怕在遊樂場玩新鮮的娛樂項目，即便他很想去玩。有些爸爸看到孩子如此膽小，便開始責備孩子，甚至會打罵。那麼，孩子為什麼會如此膽小懦弱呢？

首先，爸爸要先審視自己，是不是自己陪伴孩子的時間太少了。心理學家經過研究發現，孩子缺乏父親的陪伴，內心往往會缺乏安全感，這是導致孩子膽小懦弱的重要因素。如果是因為爸爸陪伴孩子的時間太少，那麼在以後的日子裡，爸爸可以多陪伴孩子進行一些戶外活動，讓孩子感受到來自父親的愛與力量。

其次，爸爸要分析孩子是不是因為日常生活中某些細節問題，而導致其膽小懦弱的。比如很多時候家長為了讓孩子聽話，會說一些嚇唬孩子的話，如「你再這樣做，小心被怪獸知道」、「你再不聽話，我就不要你了」等，類似於這樣的話。經常說這種帶有恐嚇性質的話語，會讓孩子的膽子越來越小。最後，爸爸要反思，在生活中是不是經常約束孩子，不讓孩子嘗試自己做一些事情。有些家長害怕孩子事情做得不好，於是這也不讓孩子做，那也不讓孩子做，即便孩子想要去做，家長也會斥責孩子，讓孩子停下來。久而久之，孩子便不再主動去嘗試新鮮事物，甚至會對新鮮事物產生恐懼心理。

爸爸帶小孩案例

張曉鵬計劃週末帶9歲的兒子去朋友家做客，因為之前兒子見過朋友，所以去之前，張曉鵬沒有告訴兒子。到了朋友家，兒子死活不願意進朋友家門，張曉鵬問他為什麼不去，兒子露出膽怯的表情。

張曉鵬正在和兒子談話，朋友剛好下樓扔垃圾。看到了張曉鵬和兒子，朋友主動過來打招呼，張曉鵬對兒子說：「快喊叔叔啊！」

兒子膽怯地躲在張曉鵬身後，輕輕地叫了聲「叔叔」。到了朋友家，兒子坐在沙發上，什麼也不敢做。雖然朋友家有很多玩具，他也很想玩，但是他依舊坐在沙發上。朋友熱情地給孩子拿來了水果和點心，他卻不敢主動拿著吃。

過了一會，孩子不停地催促張曉鵬回家，無奈，張曉鵬只好帶兒子回家。在回家的路上，張曉鵬問兒子為什麼著急回家，孩子這才說道：「我想回家上廁所。」

張曉鵬生氣地衝兒子吼道：「你在別人家為什麼不上廁所？」

「我不敢去。」兒子委屈地說道。張曉鵬很生氣，他不明白為什麼自己的兒子如此膽小。在很多家庭中，爸爸從來不認為孩子膽小和膽怯是由父母造成的，他們會將孩子的這種表現視為孩子自身因素造成的。

爸爸帶小孩妙招

很多爸爸會認為，孩子膽小懦弱是因為年紀小，等孩子長大之後，自然而然會變得膽大了。其實不然，在現實生活中，我們身邊不乏一些膽小懦弱的成年人，即便已經成年，依舊不能勇敢果斷地處理自己工作和生活中遇到的問題。可見，年齡與是否膽小懦弱沒有絕對的關係。那麼，當爸爸發現孩子膽小懦弱的時候，究竟該如何做呢？

1. 讓孩子做一些簡單基礎的事情。

有些孩子的懦弱性格是後天形成的，而有些孩子懦弱膽小的性格則是天生的，有的孩子天生性格敏感，所以對待這樣的孩子時，爸爸要幫助他們樹立信心，讓孩子有足夠的信心去做事情。當孩子樹立了自信心，自然就會願意去接觸新鮮的事物。一定要先讓孩子接觸簡單、容易的事情，孩子做完簡單的事情之後，內心會受到鼓舞，會很有成就感。慢慢地當我們幫孩子樹立了自信心之後，孩子的膽子也就變大了。

2. 多聆聽孩子的想法。

孩子膽小懦弱往往是有理由的，面對這種情況，爸爸不要過多地去斥責孩子，要多理解孩子的難處。尤其是在孩子膽怯的時候，爸爸要聽聽孩子為什麼會害怕，要了解孩子的真實想法，爸爸不要以自己的想法去要求孩子，而是應該從孩子的角度去思考問題，只有這樣才能做到對症下藥。

3. 爸爸要多鼓勵孩子。

爸爸應該多鼓勵孩子，讓他知道你在他的身邊，無論發生什麼事情，你都會陪著他的。讓孩子在心理上感受到有人在幫助自己，這樣孩子自然會克服內心的膽怯。

4. 陪孩子多參加課外活動。

孩子會有膽怯心理，很多時候是因為他們接觸的外界事物太少，遇到事情不知道該怎麼去做。爸爸可以帶孩子多參加一些課外活動，讓孩子多見見世面，拓寬孩子的眼界和心胸。與此同時，多參加一些課外活動還能夠增強孩子體質，對孩子的生長發育也是有好處的。

5. 不要去責備孩子。

爸爸在發現孩子膽小的時候，千萬不要一味地去責備、數落孩子，這樣會讓孩子更加膽小，所謂「越吵越膽小」。

聰明的爸爸不會認為孩子膽怯是孩子自己造成的，他們認為孩子膽怯需要爸爸付出更多的愛，需要爸爸幫助他們增強自信心、發現自己的優點。當孩子足夠自信的時候，他們肯定不會出現膽怯的心理。如果孩子的性格比較懦弱，不敢做選擇和決定，爸爸要做的就是給孩子足夠的鼓勵，讓孩子知道父親是自己的堅實後盾。

爸爸帶小孩方法解讀

性格懦弱的孩子其實很可憐，因為他們有自己的想法，但是卻一直壓抑著，他們有自己想做的事情，但是卻因為膽小不敢去做。他們只能默默地承受，不敢和父親訴說自己的心事。長大之後，懦弱的孩子往往會缺乏主見，從而很難成事。想要讓孩子變得勇敢，爸爸就要多鼓勵孩子，認可孩子的行為，不要苛責孩子，更不要動不動就責備孩子。讓孩子大膽地做出自己的選擇吧！

深入陪伴，不要事事跟孩子較真

每個孩子都不一樣，一個孩子在不同的年齡層也有各式各樣的表現，比如，有的孩子喜歡爭第一，有的孩子不喜歡跟陌生的孩子一起玩，有的孩子不喜歡喊叔叔阿姨，等等。這個時候，作為父親不要事事和孩子斤斤計較，不要認為孩子愛爭第一是愛表現，不要認為孩子不喜歡和陌生人玩耍是性格孤僻，更不要認為孩子不主動叫叔叔阿姨是沒禮貌的表現，這些都是事出有因的。

孩子的吸收能力是很強的，隨著孩子年齡的成長，孩子對事物的理解能力也會增強，因此，父親的一言一行，孩子都會自己進行理解。如果父親因為孩子的行為斤斤計較，那麼勢必會與孩子發生衝突，從而影響孩子的成長。

「我實在看不慣兒子寫作業的時候做小動作，雖然他的效率也很高，但是一下抓頭，一下咬手指。我教訓他很多次了，但是他就是改不了。」一位父親抱怨道，「因為這件事，我和兒子還吵了一架，雖然事後我覺得沒必要對孩子發這麼大的火，但是就是不喜歡他這樣。」

「我女兒每天早上都喜歡在床上躺一會再起來，雖然上學也不會遲到，但我覺得她是在浪費時間，可她卻不這麼認為，因為這件事情，我感到很頭痛，經常責備她。」一位小學四年級學生的爸爸抱怨道。

其實，孩子多多少少有一些自己的習慣，在很多小事上父親沒有必要太過於在意，反而應該多深入地去陪伴孩子，了解孩子產生這些習慣背後的真實原因。如上述父親所說的，孩子寫作業一下抓頭、一下咬手指，是不是由於父親一直看著孩子寫作業，孩子心理過於緊張，或者是身體缺乏某種營養元素導致的。孩子睡醒後喜歡躺一會再起床，是否是因為孩子睡眠時間不足，孩子還有睏意導致的。只有在深入陪伴孩子之後，才能了解孩子的行為與思想，才能避免對孩子產生誤解，才能讓親子關係更和諧。

爸爸帶小孩案例

在網路上，有一段影片獲得數十萬的按讚：

一個 40 歲左右的男人坐在沙發上，認真地看著不遠處的男孩，男孩 10 歲左右的樣子，很顯然小男孩是男人的兒子。

小男孩在幫媽媽包餃子，因為是第一次包餃子，所以他包的餃子很難看，餃子外面都露著餡。媽媽在一旁耐心地指導孩子，男人就這樣認真地看著。

男孩因為動作不熟練，一不小心將手裡的餃子皮掉到了地上，男孩看了看爸爸，本以為爸爸會罵自己，沒想到男人沒有說話，只是走到水池旁洗了洗手，坐到男孩身邊，他開始手把手地教孩子包餃子。

過了五分鐘，只見男孩包的餃子已經很不錯了，起碼沒有露餡的了。這看似一則十分平常的家庭生活影片，但是為什麼會有如此高的按讚數呢？

想要知道答案，不妨點開留言區，你會找到答案。

網友：「這樣有耐心的父親，真的很有愛。」

網友：「一看這位父親就很有耐心，他沒有衝孩子發火。」

網友：「我也羨慕這個男孩有這麼好的父親，如果是我的父親看到我弄掉了餃子皮，肯定會拿鞋底子抽我的。」

網友：「我記憶最深刻的就是那次不小心將玻璃打碎了，我爸狠狠地揍了我一頓。」

影片中的這位父親，他用自己的行動來教育孩子，而不是用打罵的方式，他懂得如何去陪伴孩子成長，知道自己的一言一行對孩子會有多麼深刻的影響。

爸爸帶小孩妙招

有句話說得好——「陪伴是最長情的告白」，對於孩子來講，他們不僅僅需要來自媽媽的陪伴，也需要來自父親的陪伴。在父親的陪伴下，他們會學會勇敢和堅強。當然，陪伴孩子不是為了每時每刻去「糾錯」，而是為了讓孩子順其自然地去進行自我改錯。

1. 用心陪孩子，讓孩子感受到父親的存在。

很多父親用著陪孩子的名義，在一邊玩手機、看電視，孩子在一旁自己玩自己的。他們這種陪伴的意義不大，甚至會讓孩子覺得「自己沒有電視、手機」重要。換句話說，這種父親陪伴的不是孩子，而是手機或電視。父親需要用認真的態度對待孩子，要讓孩子感受到父親是在很用心地陪伴自己，讓孩子有一種獲得感。

2. 陪孩子不是當「糾錯官」。

有的父親舉著陪孩子的旗號，不停地「找碴」，似乎孩子做什麼都不對，不停地在對孩子說「不許」、「不行」、「不要」等。一個連著一個的否定詞，會讓孩子有挫敗感，甚至會讓孩子認為，父親陪伴自己是為了找自己的「碴」。

3. 接受孩子不完美的事實。

世界上沒有完美的人，這是一則真理。作為父親不要期望將孩子塑造成一個完美的人，你只需要盡可能地讓孩子擁有「真善美」，而不是要求孩子做任何事情都必須是「完美的」。要知道成年人都做不到事事正確，更何況是孩子。父親不要認為只要足夠嚴格，孩子便不會犯錯，這只是你的一廂情願罷了。

深入陪伴孩子，會讓孩子感受到來自父親的愛，更能讓孩子感受到幸福。而不認真地陪孩子，事事較真，只會讓孩子「討厭」父親，讓孩子覺得父親對自己不滿意，加劇父子、父女之間的裂痕。

爸爸帶小孩方法解讀

深入陪伴孩子，不僅需要父親付出足夠的時間，更多的是付出心力和腦力。在孩子的內心，他們渴望得到父親的肯定，而不是事事被父親指責。當一位父親能夠用認真的態度對待孩子時，孩子也更願意與他交流，從而更能夠體諒父親，久而久之，親子關係會更加和諧。

第二章　理性化解：

冷靜面對衝突，不讓情緒失控

打罵教育：加劇親子矛盾的催化劑

現實中很多父親信奉「不打不成器」、「黃荊棍下出好人」的教育理念，認為只有用打罵的教育方式，才能培養孩子成才。當然，這也是亞洲式教育中爭議很大的一個問題。在家庭生活中，有些父親因控制不好情緒而充當了「打罵達人」，拿起棍棒很容易，放下卻很難。只有打罵，而沒有了教育，教育直接變成懲罰孩子的一種簡單、野蠻、粗暴的手段。不能否認打罵教育有一點用，但副作用更大。打罵教育是父親站在不公平的位置實施的，可以說是一種無能的表現，直白來說就是「智商不夠，拳腳來湊」。這種教育方式直接危害到孩子的自尊心、安全感，甚至會讓孩子產生心理疾病。

美國心理學家、科學家馬丁．賽里格曼（Martin E. P. Seligman）在 1960 年代證明了該理論：在實驗中，他向狗施加無法逃避的電擊，隨後將狗轉移到可以逃避電擊的環境中，然而狗已經放棄逃跑的念頭，默默地承受著疼痛。

孩子的行為是家長言行的反射。孩子從小便會模仿父母的言行舉止，如果孩子生活在打罵之下，他們會以為愛就是傷害，並且用傷害程度的深淺，來衡量愛的深淺。這直接就顛覆了孩子對愛的認知理解，從而增加自卑感，這種暴力行為甚至會被傳承。孩子在未來的生活中也會帶上打罵的烙印，直接複製父親的教育方式，傳給自己的下一代。這就是為什麼幼時遭遇體罰的孩子在青少年階段也傾向於使用暴力、欺凌、迫害等手段解決衝突。反之，如果父親不使用體罰，孩子則更能適應社會，也不會輕易使用武力解決問題。

打罵教育本質上就是加劇父子矛盾的催化劑，與愛背道而馳。父親打孩子會給他們造成身心創傷，會使孩子在遇到困難時產生心理壓力，從而造成孩子表現欠佳，認知能力難以得到發揮。若不改變，繼續發展下去，孩子往往會患上憂鬱症等嚴重的心理疾病。

爸爸帶小孩案例

前段時間記者在街頭採訪經歷過爸爸「打罵」教育的孩子，他們均出現偏激情緒：

女同學甲：「我一直害怕爸爸打我，只要他拿起棍子，我就知道他也控制不了自己，他下手會很重，我已經沒有辦法和我的父親和解了，只要想到小時候被打，我就恨他。」

女同學乙：「我被打過一次，我來說說自己的感受。我挺害怕的，有陰影，不敢想像一直被打的人是怎麼熬過來的。」

男同學丙：「記得小時候我第一次被爸爸打是在教室門口，一群同學圍觀，老師責備我，同學們也笑話我。我曾一度認為自己是個非常差的孩子，當時我還想著長大了一定要脫離我爸，逃得遠遠的。」

雖然只是一些短短的言詞，但足以證明「暴力施教」給孩子

帶來的心靈創傷

有多麼嚴重，甚至無法修復，只能隱藏在內心深處，等待爆發的時機。打罵教育會讓孩子感到無助、自卑、叛逆、暴力、自私，也會越來越討厭學習，憎恨父親，深化矛盾關係。

健康的親子關係應該更像是一種朋友的關係，充滿了愛和自由。愛是深深的理解與接受。自由則是父親與孩子都要獨立，不要用成人的意志去塑造孩子，也不要過於依戀孩子。愛可以讓我們同孩子之間更親密，自由可以讓我們與孩子保持一定的距離，各自有各自的空間，讓孩子能獨立成長。良好的親子關係就是互相尊重，互相理解，互相幫助，互相信任，共同成長的。

爸爸帶小孩妙招

爸爸在教育孩子的過程中，經常表現出沒耐心，自認為「打罵教育」見效快、效果好。有的父親甚至認為，我出錢養孩子，供孩子吃住和接受教育，打一下怎麼了，我想打就打。殊不知「打罵教育」在無形中會嚴重傷害孩子，等你發覺時大多已無法挽回，實在是不可取。我們應該放下棍棒，去尋找更有效的教育方式：

1. 溝通和聆聽，提升孩子使用語言表達感受的能力。

一方面是使用非暴力溝通，最好的辦法是和孩子討論哪些行為是被父親接受的，哪些行為存在危險而不被接受，做到父親與孩子「雙向了解」。另一方面是仔細聆聽孩子的訴說，家長應該心平氣和地找出孩子做某事或不做某事的理由，並能與孩子產生共情。

2. 關注孩子的內心。

孩子的行為是內心感受的體現，父親管教應格外關注孩子的內心。

在孩子成長過程中，首先要尊重孩子，放下對孩子的過高期望，不要經常支配或指責孩子，更不要希望孩子會變成你想要的樣子。這樣孩子會變得很脆弱，並且缺乏想像力和創造力。其次對孩子的評價以鼓勵為主，切記不要用「怎麼這麼笨，跟豬一樣」、「真是沒出息」等這樣的話給孩子下定義、貼標籤，直接傷害孩子的自尊心。不管孩子取得多大的成績，作為父親應該及時給予不同形式的表揚與肯定。爸爸要樹立正確的教育觀，即便孩子犯了錯，也應採取科學的教育方法，讓孩子從「失敗」中走出來。

3. 運用語言定義感受。

儘早幫助孩子用語言來定義自我感受，如喜歡、討厭、生氣、恐懼、羞恥等，並教會孩子以更成熟的方式調節自己的情緒。

4. 利用正面管教，適度的獎勵和表揚能夠提升孩子的自尊心。

正面管教較懲罰而言，更能有效地使孩子長期保持良好的行為習慣。對待孩子，爸爸應該不懲罰也不嬌縱，在溫和的氛圍下，才能培養出自律、有責任感、懂合作以及自立的孩子。

5. 爸爸應該為孩子樹立良好的榜樣。

孩子天生善於觀察與模仿，父母的一言一行對孩子的成長有著至關重要的影響。事實證明，孩子最初的行為習慣都是從父母身上學來的。一個孩子的學習態度、道德品行，與父母建立的榜樣有直接的關係。父母愛學習，孩子也就愛學習；父母愛工作，孩子也就愛工作；父母樂於助人，孩子也會樂於助人，這就是榜樣。因此，父親要有「榜樣精神」，時時刻刻做孩子的行為「標竿」。

爸爸帶小孩方法解讀

打罵教育，必定是深化親子矛盾的催化劑，即便能在短時間內就見效，但後遺症非常嚴重。爸爸帶小孩的過程中應該主張正面管教，堅持用「和善而堅定」的態度去與孩子相處，互相尊重、互相理解、互相幫助、互相信任，與孩子共同成長。

吼罵孩子，孩子口服心不服

教育孩子並非一件容易的事情。有些孩子並不能體會、理解父母的良苦用心，尤其是在父親不斷向孩子怒吼的時候，孩子會表現出不服管教的情況。久而久之，孩子會出現嚴重的叛逆思想，這讓父母感到十分失望。在整個教育過程中，父親的「吼罵」就是罪魁禍首。

父母以「吼」的方式來達到自己的管教目的，殊不知這種管教方式是不可取的，這樣做不僅給孩子的心理健康帶來不良影響，還會讓孩子產生叛逆心理。

「我爸爸總是吼我，現在不管他怎麼吼、怎麼嚷，我都保持沉默，我不說話，他愛怎麼說就怎麼說，反正我該怎麼做還是會怎麼做。」這是一位三年級孩子說的話。他的話說出了無數孩子的心聲。在生活中，孩子可能會因為各式各樣的事情而觸怒父親，父親便會擺出一副「威嚴」的樣子來教育孩子。父親認為只有「怒吼」、「斥責」才能讓孩子看到自己的底線在哪裡，才能讓孩子意識到錯誤和問題。不可否認很多父親都有這種想法，但是父親的「斥責」、「吼叫」對孩子真的有效果嗎？沒有，答案是否定的，父親的吼罵換來的只是孩子表面的溫順，孩子看似順從的背後是一顆不服氣、不甘願的心。

爸爸帶小孩案例

像往常一樣，張鑫拿著女兒的襪子走進女兒的房間。女兒被叫醒後，看到張鑫手中的襪子，生氣地吼道：「我不要穿這雙襪子，太醜了！」張鑫看到女兒如此生氣，並沒有責備女兒「任性」，因為他最近剛看了一些育兒方面的書，書裡就有類似的案例，他知道這個時候自己不能夠發飆，因為這只會讓女兒更生氣。緊接著，張鑫當作什麼都沒有發生一樣，從女兒的衣櫥裡找到了女兒平時最愛穿的一條裙子，放到了女兒的面前。張鑫本以為女兒看到了裙子會十分開心，沒想到女兒更加生氣了：「這條裙子和這雙襪子一點也不搭，你讓我怎麼穿？」

看到女兒更生氣了，張鑫還是沒有責備她無理取鬧，也沒有向女兒怒吼，而是笑著對她說：「那爸爸先出去了，你的衣服都在櫃子裡，你想穿什麼自己選，爸爸在外面等你，媽媽已經給你準備好了你最愛吃的三明治。」

說完，張鑫轉身出去了，他沒有再關注女兒的穿著，而是坐在餐桌前等著女兒從臥室出來。

過了大概 10 分鐘，女兒高興地走了出來，張鑫看到她穿的還是自己給她拿的那條裙子，襪子也是原來自己選的那雙。

「真漂亮，你搭配衣服的眼光的確很棒。」張鑫笑著對女兒說道。在女兒無理取鬧的時候，張鑫並沒有責備她，也沒有強制要求女兒按照自己的想法去選擇衣服，相反，張鑫給了她「自由發揮」的空間，讓女兒自己去作出選擇，雖然結果是一樣的，但是女兒的心情明顯是不一樣的。

爸爸帶小孩妙招

父親在生活中很容易站在高處指揮子女，希望子女按照自己的要求去做事情。當孩子沒有按照父親的要求去做事情的時候，父親的內心是崩潰的，或者說是憤怒的。於是，他們便會衝向孩子大吼大叫，試圖用吼叫的方式來讓孩子接受自己的建議或者是觀點。卻沒想到，這樣做只會讓孩子更反感你，讓孩子更不願意接受你的觀點。那麼，在生活中，父親經常吼罵孩子，對孩子有哪些危害呢？

1. 父親吼罵孩子，會讓孩子產生心理陰影。

吼罵其實就是對孩子語言上的施暴，經常吼孩子，極容易在孩子心裡留下陰影，要知道這種心理陰影會伴隨孩子的一生，還容易導致孩子對父親產生畏懼感，不利於孩子與父親之間的交流與溝通，導致父母與孩子之間產生隔閡，影響孩子健康成長。

2. 容易影響父親與孩子的親子關係。

父親在管教孩子的過程中，經常吼孩子，親子關係會因為吼而變得緊張。甚至孩子還會試圖去反抗，這就很容易導致衝突產生，久而久之會嚴重影響親子關係。

3. 容易將不良習慣傳遞給孩子。

俗話說「近朱者赤，近墨者黑」，父親經常吼罵孩子，其實是對孩子進行不良教育，孩子會對父母的不良教育行為產生牴觸心理，並在日常語言表達方面學習父親的這種解決問題的方法，久而久之，孩子也會養成經常吼的習慣。

雖說父母是孩子的第一任老師，但父親不要在與孩子出現意見分歧的時候擺出「老師」的架子，逼迫孩子按照自己的想法做事情，更不要認為這種教育方式對孩子的成長有幫助。一個只敢沉默的孩子，不是因為他聽話，也不是因為他覺得父親說得對，或許他在進行無聲的反抗，他在努力尋找機會表達自己「不服氣」的心情，一旦做出偏激行為，後果將不堪設想。

爸爸帶小孩方法解讀

吼罵對孩子來講就是一種語言暴力行為，這種教育方式不僅會讓孩子變得更加自卑，甚至會讓孩子變得十分叛逆。因此，在與孩子出現矛盾或分歧的時候，爸爸不要急於去指責孩子、吼罵孩子，而是用智慧的方式去教育孩子，讓孩子認同你的觀點，並從內心深處願意接受你的教育方式。

自然解決法：矛盾迎刃而解的不二選擇

世界建築大師格羅培斯為了設計迪士尼樂園的路徑費盡心思，他不知道什麼方案能夠滿足遊客的需求。最後，他想出了一個辦法，他買來了很多草種，在空地上播撒，然後開放樂園，讓遊人自由穿行。半年的時間過去了，草地上被踩出了許多條小路。後來，格羅培斯讓人按照這些踩出來的小路進行人行道的設計。在 1971 年倫敦國際園林建築藝術研討會上，格羅培斯的設計被評為世界最佳設計。

從這個例子中我們可以了解到，有些事情在不知道如何去解決的時候，不妨選擇順其自然的方法，這也許會是最佳選擇。建築如此，教育何嘗不是如此呢？孩子的成長之路彷彿就是一條鋪向未來的路徑，父親強加干涉，按照自己的意願進行設計，反而不利於孩子的成長，甚至會扭曲其個性的發展。順其天性，這樣對孩子更好。

在生活中，很多時候孩子出現的問題是不需要父親解決的。尤其是在孩子犯錯之後，父親總是習慣性地詢問孩子為什麼犯錯，甚至會責備孩子，當孩子想要去解決問題的時候，父親又開始指責孩子做事情不認真，其實在這個時候父親需要做的是讓孩子自己去想辦法解決問題，透過順其自然的解決方法化解矛盾。

爸爸帶小孩案例

曾經有位心理學家做過這樣的研究：一位父親帶著孩子去打籃球，孩子因為年齡小、個子矮，始終無法將籃球投到籃筐中。在嘗試了十多次之後，孩子完全喪失信心了，便坐在地上大哭起來。

這位父親看著哭泣的孩子，並沒有像某些家長那樣吼孩子，也沒有去哄孩子。這位父親坐在孩子的身邊，孩子看了父親一眼，發現父親沒有責備自己，也沒有安慰自己。過了兩分鐘，孩子停止了哭泣，重新站了起來，他這次盡力對準籃筐，用力投了出去，出乎意料的是，孩子竟然將籃球投進了筐內。

孩子開心得又蹦又跳，父親也開心地笑了起來。透過這個案例我們不難發現，孩子在遇到問題的時候，並不一定需要來自家長的幫助。隨著他們的成長，他們能夠自己去面對某些問題，自己找到解決問題的辦法，而孩子的這種自我解決問題的能力是順其自然形成的，並不需要家長刻意而為之。

爸爸帶小孩妙招

教育孩子不僅要順應孩子的需求，更要順應孩子成長的特點、智力發展和心理發育特點。如果父親選擇拔苗助長，反而會打破孩子成長的規律和節奏，影響孩子的正常發育和成長。

1. 順應孩子的心理發展。

孩子心理成長是需要一定過程的，並不是家長認為孩子該明白什麼事情，孩子就會明白。更不是父親認為孩子能夠承受多大壓力，孩子就可以承受。孩子的內心是脆弱的，這就意味著父親在對待孩子的問題上，不能站在「我認為」的角度，而是要站在「孩子認為」的角度，允許孩子根據自己的心理認知程度來認識外界事物。

2. 順應孩子的身體發育。

你無法要求一個 10 歲的孩子每天只休息 6 小時，其他時間用來學習，因為在這個年齡，睡眠是十分重要的。對於一個成人來講，可能每天睡夠 6 個小時就能夠支撐一天的工作，而對於一個 10 歲的孩子來講，他們需要更長時間的睡眠來讓大腦休息。因此，父親要根據孩子的身體發育和成長情況來管教孩子。

3. 順應孩子的智力發育。

有的人說智商是天生的，即便如此孩子的智力發展也是需要一個過程的。因此，父親不要站在自己的角度上認為孩子應該會解決哪些問題，而是要站在孩子的角度上思考，做出合乎孩子智力發育的決定。

有的家長善於用「為你好」來詮釋自己所有的決定和行為，比如，有的父親自認為孩子需要學習跆拳道，便逼迫孩子參加才藝班學習，而孩子本身是不想學的。這個時候父親會苦口婆心地對孩子說：「我做的一切都是為了你好。」這種幫孩子做決定的教育方法真的是對孩子好嗎？還有一類父親，他們擅長替孩子鋪設人生道路，認為自己給孩子安排的就是最好的，但是孩子真的喜歡父親的安排嗎？

老子說：「順自然而行，不造不施。」對待孩子的教育問題，父親也應該順其自然，順應孩子的天性，否則必然會傷害到孩子。當然，我們強調這種順應天性，並不意味著對孩子不聞不問，對孩子不加約束。在孩子成長的過程中，父親還是要適當地給予孩子引導，但應該讓孩子成為自己成長的主體，經歷自己應該經歷的一切，而不是所有的事情都由父親代勞。要知道過分設計孩子的人生，過多地干涉孩子的成長，對孩子的身心基礎建設和智力結建構設都是不利的。懂得陪伴孩子的父親，往往會給孩子足夠的成長空間，同時也會順應孩子成長的需求，讓孩子自己去感悟如何去做決定、如何去做選擇；什麼事情該做、什麼事情不該做。

爸爸帶小孩方法解讀

洛克指出：教育就是在人身上培養一些合乎人天性的能力。對待孩子，我們要學會順應孩子的發展規律，尊重孩子的意志，父親既不能指責孩子「自作主張」，也不能萬事替孩子「著想」。讓孩子學會處理自己的事情，順其自然地去解決自己的矛盾，這才是一個父親應該做的。

愛與責：尋找兩者的平衡點

愛是肥沃的土壤，愛是明媚的陽光，愛是教育孩子過程中不可或缺的元素，更是孩子成長道路上開在身旁的花朵。相信天下沒有不愛孩子的父親，同樣孩子也會對父親充滿愛。而在生活中，很多父親不懂得表達自己對孩子的愛，他們最擅長的事情就是責備，他們認為責備孩子，孩子就會變得更好，這才是愛孩子。然而，過多的苛責和教訓會讓孩子誤認為父親是不愛自己的，甚至會讓孩子產生叛逆心理。因此，父親教育孩子需要找到愛與責的平衡點。

在生活中，我們經常會看到一些父親，他們會滿足孩子的一切要求，會給予孩子最好的物質生活，他們認為這就是愛孩子，他們沒有適當地去管教孩子，這些孩子會因為缺乏行為約束，自制力下降，與同伴的人際關係也會變得很差，甚至會給他人帶來傷害。父親需要做的是既能讓孩子感受到來自父親的愛，又能讓孩子遵循一定的原則。

爸爸帶小孩案例

親子節目中，記者採訪了一些小學生，問他們對父親的印象是怎樣的，下面是被採訪者的回答：一位三年級的小男孩說道：「我的爸爸是個高個子，平日裡總是凶巴巴的，我很少見到他笑。他對我的要求也很嚴格，只要我犯錯，不管是不是故意的，只要他知道了，肯定會罵我。所以我犯錯後都不敢讓爸爸知道。」

一位五年級的胖女孩說道：「我的爸爸很愛我，他總是買我愛吃的漢堡、薯條，還有可樂給我。雖然我現在已經是班裡最胖的了，但是爸爸從來不說我胖，更不會因為我胖讓我減肥。記得夏天，因為走路上學特別熱，他就每天開車接送我上下學，要知道我們家距離學校只有 500 公尺的距離。」

另一位四年級男孩接著說道：「我的爸爸就是一個暴躁狂，

他經常打我，雖然我有時候很淘氣，但是他認為男孩就應該被打。所以，我犯錯了會挨打，不是故意犯錯也會挨打。我認為我爸爸不愛我，不然他為什麼動不動就打我？」

主持人聽了三個孩子對自己父親的描述，繼續問道：「那你們希望自己的爸爸是什麼樣子的？」

三年級的小男孩說道：「我希望我爸爸不要老是罵我，雖然我也常常犯錯，但是我每次都不是故意的。他每次罵我，我都很難過，甚至都不想再和他說話了。」

五年級的胖女孩說道：「我爸爸太愛我了，但是我還是希望爸爸能約束我一下，不然我吃得越來越多，會越來越胖，同學會嘲笑我，我自己也會很自卑。」

四年級男孩接著說道：「我不想總是被爸爸打，我犯錯不假，但是也不能總打我，我已經四年級了，我長大了，他怎麼還是老打我？我感覺自己很沒面子。」

坐在評審臺上的教育專家聽完三個孩子的話，說道：「父親對待教育問題多半是採用嚴格的態度，但是這並不意味著父親不愛你們。同樣，父親嚴格要求孩子是沒有錯的，但是這並不代表要採用粗暴態度對待孩子，溫柔的教育方式既能讓孩子容易接受，也能讓教育變得輕鬆簡單。當然，過分溺愛孩子並不可取，該約束孩子時必須要約束，一味地放縱對孩子沒有一點好處，反而還會讓孩子產生自卑心理。」

爸爸帶小孩妙招

在現實生活中，有些父親會抱怨道：「我又不是教育專家，我怎麼知道如何找到愛與教育的平衡點呢？」下面我們從這幾個方面幫父親們分析一下：

1. 教育孩子，父親首先要「有理」。

父親往往會站在大人的角度認為自己是長輩，孩子是晚輩，晚輩就應該聽長輩的話。因此，他們在教育孩子的時候，對孩子做不到「講理」，講的只是「輩分」，用輩分來壓制孩子，硬性要求孩子，給孩子灌輸「必須聽大人話」的思想。如果是這樣的父親，自然很難找到愛與教育的平衡點。因此，父親應該平視孩子，而不是俯視孩子，無論遇到什麼事情都要尊重孩子的意見，不要直接說自己的要求。

2. 教育孩子，父親要有理有據。

做事情要有理有據，在教育孩子的問題上，也是如此。父親要讓孩子明白，父親的教育是有依據的，不是簡單粗暴地對孩子直接進行要求，給孩子講清楚之後，孩子才會尊重父親的建議，父親也就找到了愛與責的平衡點。

3. 教育孩子既要包容，又要有底線。

父親在教育孩子的時候，一定要意識到孩子不是成年人，更不是完美的，他們的心智成熟度導致他們容易犯錯，同時也很難避免繼續犯錯。因此，在孩子犯錯之後，父親要學會包容孩子的小錯誤和無心之過。同時，父親對孩子的愛要有底線，對於原則性的過錯或者明知故犯的錯，父親要嚴格對待，絕不能縱容孩子，不能讓孩子覺得自己犯任何錯，父親都是可以原諒自己的。

父親愛孩子，要讓孩子活得像陽光一樣明亮，同樣也要讓孩子長得像大樹一樣茁壯，這就要求父親既要嚴格要求孩子，又要給孩子足夠的愛。只有父親找到了教育與愛的平衡點，孩子才能夠茁壯成長。

爸爸帶小孩方法解讀

作為父親，最大的成就便是和孩子一起成長，在這個過程中，父親要學會平衡親子關係。愛和恰到好處的教育，能讓你與孩子的關係變得越來越親密。找到責與愛的平衡點，站在平衡點上去關注孩子，你會發現孩子其實同樣很愛父親，也很想要理解父親。

擱置法：暫時忽略也能解決問題

在生活中，很多父親容不得孩子的行為或言語有一絲一毫的偏差，甚至對孩子的思想都進行約束，他們認為只有及時糾正孩子的所有看似不合理的行為或想法，才是對孩子真正的愛。

我們不能否認，及時糾正孩子的錯對孩子的成長是有幫助的，但是從另一個角度來講，我們糾正孩子的錯並不是為了讓孩子記住問題，而是讓孩子能夠記住解決問題的方法。既然目的是為了解決問題，那麼無論大小事，父親總是擺出一副嚴肅、苛刻的態度，真的能讓孩子找到解決問題的方法嗎？其實，如果父親看到孩子犯了一些小錯，此時不去直截了當地教訓孩子，而是暫時擱置孩子的過錯，給孩子充足的時間和空間，讓孩子自己去發現錯誤或者是缺點，自己掌握解決問題的主動權，這才是最好的解決方式。

在教育孩子的過程中，父親往往會站在自己的角度上去要求孩子，認為需要用高標準約束孩子。但是孩子則不這麼認為，他們會覺得父親太過苛刻，不體諒自己。久而久之，孩子可能會出現反抗心理，這樣不但對事情的解決沒有幫助，甚至還會讓親子感情變淡，父親與孩子之間產生隔閡。解決孩子的問題時，需要父親學會適當地擱置，給孩子「自由發揮」的空間，讓孩子學會主動地去面對問題和解決問題。這樣一來，父親會發現孩子變得更加獨立自強，親子關係也會變得更融洽。

爸爸帶小孩案例

張兵坐在沙發上看著兒子，他正用花生米在地上擺字，這次張兵沒有斥責孩子，而是認真地看著。兒子先是用花生米在地板上擺了一個「張」字，然後又用其餘的花生米擺出「輝」

字，因為他的名字就叫張輝。此時，可能是沒有站穩，兒子不小心踩到了地上的花生米，將幾顆花生米踩壞了。

兒子看了看張兵，以為父親會罵自己，沒想到張兵這次沒有罵兒子，而是讓他繼續。兒子擺了一會，就覺得無聊了，此時，張兵對兒子說道：「剛才玩得開心吧，現在你需要做的就是把花生米一顆顆地撿起來。」

兒子很聽話地按照張兵的要求去做，張兵指著地上被踩壞的花生米說道：「這些也需要撿起來。」兒子照做，張兵沒有再多說一句話。

到了中午，飯桌上多了一道菜，是用兒子玩過的花生做的炒花生米，其中不乏那些被踩壞的花生米。

兒子看了看張兵說道：「這些都踩過了，還能吃嗎？」

張兵說道：「花生米本身是沒問題的，是你放到地上之後不小心踩碎的，但是這並不影響食用，我已經洗過了。」

兒子看著父親堅定的態度，用筷子夾著碎花生米吃了起來：「爸爸，對不起，我以後不糟蹋糧食了。」

張兵看到兒子意識到錯了，便安慰道：「嚴格來說也不算糟蹋，我們都吃了，就不算浪費了。但是以後想要玩的時候，你可以選擇拿石子來代替花生米。」

兒子笑著點點頭，父子二人開心地吃起了飯。

張兵沒有在發現兒子犯錯的時候，直截了當地教訓孩子，而是選擇暫時將問題擱置，讓孩子自己去發現問題、解決問題。在兒子踩壞花生米的時候，他觀察了下張兵的表情，這其實就是主動認錯的一種表現。最後，他向父親認錯，因為他意識到不應該將糧食當作玩具，這個問題其實是孩子自己解決的。

爸爸帶小孩妙招

父親在教育孩子的過程中，要學會忽略孩子的一些小問題，將這些小問題暫時擱置。那麼在使用擱置法的時候，要注意哪些事情呢？

1.「忽略」的過程就是父親保持耐心的過程。

父親要記住，你忽略的不是孩子本人，而是孩子不恰當的行為。對需要消除的行為做到「視而不見」，這個過程是增強自己耐心的過程，但過後父親要更加關心孩子或者是關注孩子。

2. 暫且擱置孩子的一些「無關緊要」的錯。

孩子犯錯在所難免，但是對於孩子所犯的錯要區分對待。當父親發現孩子犯的錯很小，不會對他人或自己產生傷害時，則可以暫且擱置，給孩子一個自我感知過錯的機會，讓孩子自己發現問題所在，這對孩子的成長是十分有幫助的。

3. 擱置法的運用要適當。

在處理孩子的問題時，很多父親都是嚴肅的，甚至是嚴苛的。他們認為只有嚴格要求孩子，孩子才能避免犯錯，長大後才能成才。但是如果事事都過於嚴格，孩子會產生一種慣性緊張的情緒，只要是父親在場，孩子做任何事情都會緊張、缺乏自信，原本可以做好的事情，最終也會因為緊張而處理不當。因此，父親沒有必要事事都嚴格要求孩子，而是該嚴格的時候嚴格對待，該放鬆的時候放鬆對待。擱置法能夠讓孩子擁有自我認知的能力。

父親要學會善用擱置法來處理孩子的問題，這種方法又被稱為「緩兵之計」，即不急於去指出孩子的錯誤，而是給孩子自我反省的機會，讓孩子自己發現錯誤。這樣做既能鍛鍊孩子的認知能力，又不會傷害孩子的自信心。

爸爸帶小孩方法解讀

父親都希望自己能成為孩子的榜樣，於是在孩子面前他們總是會表現出一種自帶的「威嚴」感。殊不知這種威嚴可能會讓孩子感覺壓抑，尤其是在孩子出現問題的時候，他們需要的或許不是父親及時的教訓，而是一個獨立思考的空間，而擱淺法能夠讓孩子有空間和時間去發現問題、解決問題。

孩子當眾發難的解決之道

當你走在商場或者是大街上，是否會看到有一些孩子在公共場合無所顧忌地哭鬧？孩子的父母在焦急地哄著孩子，希望孩子能夠停止哭鬧，而孩子哭鬧的原因往往是希望父母能夠滿足自己的某些願望，或者是滿足自己的要求。這個時候，作為孩子的父親該如何做呢？

在公共場合，如果孩子對你發難，作為父親應該讓孩子知道，在生活中孩子的一些行為之所以得到了包容，是因為爸爸媽媽很愛他，但是現在他們做出明顯不正確的舉動，必須要改正。

父親愛孩子，並不是無原則地包容孩子的一切，也不是讓孩子無限度地突破大人的教育底線，我們要讓孩子明白超出原則範圍之外的事情，是不被允許的。不要讓孩子認為，只要自己當著眾人的面撒撒嬌、哭鬧、吼叫，父母就能滿足自己的願望。一旦孩子透過這種方式獲得了一次成功，那以後孩子會更肆無忌憚地對父親當眾發難。

爸爸帶小孩案例

小王帶著上了小學的兒子去書店買書，在回來的路上，他看到玩具店有一款新的變形金剛玩具。小王知道兒子十分喜歡變形金剛，但是這款玩具要一千多塊錢，小王認為沒有必要給孩子買這麼貴的玩具。

果然，兒子提出了自己的要求，說道：「我想買那款新玩具。」小王自然沒有答應兒子的要求，兒子便站在玩具店門口，生氣地嚷道：「你什麼玩具也不買給我，每次出來就是買書給我，只讓我看書，不讓我玩！」小王看到兒子生氣了，便勸說道：「你的玩具還少啊？你現在都多大了，一天到晚就知道玩，現在是學習的時候，不是玩的時候。」

「我就想買個玩具怎麼了？！你都好久沒有買玩具給我了。今天要是不買那個變形金剛給我，我就不回去了！」兒子生氣地說道，然後就坐在了玩具店門口。

聽了兒子的話之後，小王也很生氣，他對兒子十分疼愛，但是兒子竟然威脅自己：「你愛回去不回去，今天我肯定不會給你買的！」

小王的兒子開始哭喊：「要是我媽媽在，肯定會買玩具給我的。」小王越聽越生氣，便不再理他，轉身向家的方向走去，任兒子在身後大聲哭鬧。此時，周圍圍了很多人，還有小區的熟人，有的人熱心地哄孩子不要哭鬧，有的人則攔住小王，勸說他不要跟孩子生氣。

最終，小王因為面子的問題，只好給兒子將新玩具買了回來。小王的經歷想必有很多人都經歷過。孩子當著眾人的面給自己製造難題，這種事情是很多父親所無法忍受的，有的父親會直接責備孩子，接著無奈地答應孩子的無理要求，目的就是避免孩子當眾讓自己「難看」，其實這樣根本教育不了孩子。

爸爸帶小孩妙招

孩子當眾讓大人為難，這並不是他們的目的，父親要意識到這點，這不過是他們的手段，如果父親能夠弄清楚孩子的目的是什麼，自然就能解決孩子當眾為難自己的這道難題。

1. 先了解孩子為什麼要這麼做。

孩子在公共場合發生為難父親的行為時，父親首先要想清楚，孩子這樣做的原因是什麼。比如，當孩子當著別人的面，故意將水倒在桌子上，可能是孩子希望透過這種行為來吸引父親的注意力，以獲得更多的關注。了解了孩子這樣做的原因，才能找到解決問題的辦法。

2. 不要急著責罵孩子。

有的父親在經歷孩子當眾發難時，會覺得自己沒有面子，為了彰顯自己的「威嚴」，他們便直接指責孩子，甚至吼罵孩子，認為這樣做能夠讓孩子聽話，孩子也能夠意識到自己的錯誤。其實不然，當父親不分青紅皂白地去指責孩子的時候，孩子的心裡是委屈的，即便你說得再對，孩子的內心都會抗拒，他們會直接拒絕你。

3. 用協商的口吻與孩子交談。

我們可以試試採用協商的口吻與孩子交談。比如，孩子希望買一個玩具，而你認為沒有必要買，這個時候你可以與孩子商量：「現在爸爸不能滿足你的願望，因為爸爸今天帶的錢不夠，等你過生日的時候，爸爸會滿足你的願望。」聽了父親的解釋，孩子明白了父親為什麼當時不能滿足自己的願望，同時也給了孩子一個期待，讓孩子明白等到什麼時候，爸爸能滿足自己的要求，這樣孩子更容易接受你的建議。

4. 父親不能失信於孩子。

很多父親在答應孩子某個要求後，因為工作忙或者其他原因，有時候會忘記自己答應了孩子什麼。失信次數多了，孩子肯定會對父親的話產生懷疑，再遇到同樣的問題時，孩子不會再相信父親。因此，父親答應孩子的事情一定要做到，絕對不能失信於孩子。

爸爸在孩子面前一定要樹立自己的威嚴，但是也不能為了自己的面子而傷害孩子。當孩子在公共場合提出不合理要求時，父親可以告訴孩子為什麼這個要求不能得到滿足，同時盡量讓孩子明白，在公共場合發生這樣的行為是不禮貌的，也是不正確的。

爸爸帶小孩方法解讀

孩子之所以會在公共場合對父親進行發難，主要是因為孩子不知道用何種正確的方式來表達自己的想法或情感，作為父親該給予孩子正確的引導，讓孩子學會運用正確的方式來實現自己的願望。只有這樣孩子才能慢慢找到正確處理問題的方法，從而避免孩子當眾對家長進行發難。

別把孩子當成「出氣筒」

家庭教育，是父母共同關注的一個永恆的主題。迄今為止，還沒有一個適合每個孩子的完美教育方法。

現在的生活壓力很大，有的父親在工作中遇到了一些不愉快的事情，回到家之後很容易對孩子發脾氣。也有可能是因為其他的事情，回家之後看到孩子沒有令自己滿意，便開始對孩子一頓吼罵。我們要明白，壞情緒不應該轉移到無辜的孩子身上，這個世界上沒有完美的孩子，你自己也並非是完美的。

父親將自己的負面情緒轉嫁給孩子，在生活中我們經常會遇到。有些父親還抱怨說：「我也控制不住自己的情緒，本來心情就不好，回家之後看到孩子調皮或者不聽話，就開始對孩子發火。我知道這樣做對孩子是不公平的，但是我真的控制不了自己的情緒。我知道孩子也挺無辜的，衝孩子發完脾氣之後我也很後悔。」

爸爸帶小孩案例

一位爸爸帶著上小學的兒子一起來參加一檔親子節目。節目組設計了一個遊戲，即讓孩子寫一個關於父親的願望。這個男孩寫道：「我希望我的爸爸回家之後能不對我發火，我希望他能多愛我一些。」

主持人看到男孩寫的願望之後，便問道：「爸爸經常對你發火嗎？」

「是的，他很長時間才回一次家，回家之後不知道為什麼就開始對我發火。」男孩無辜地說道。

主持人將男孩的信紙交給這位父親，這位父親看到兒子寫的願望之後沒有說話。當主持人問他是不是會無緣無故地對孩子發火的時候，他說道：「我平時工作比較忙，他又比較調皮，回家之後老是覺得他不聽話，所以會對他發火。」

緊接著，主持人問在場的其他五位父親，會不會將孩子當作出氣筒，因為自己的原因對孩子發火，而不是因為孩子的事情才生氣，五位爸爸都說有過這種情況。在生活中，很多時候並不是孩子犯了多麼大的錯父親才會生氣，而是因為大人沒有控制好自己的情緒，將孩子當作自己負面情緒的發洩口，不管不顧地衝孩子一頓吼罵。仔細想想，你發火真的是因為孩子不聽話嗎？未必如此吧，是不是多半是因為你自己的原因，而孩子的不聽話只不過是導火線？

爸爸帶小孩妙招

那麼，父親如何避免將孩子當作出氣筒、無緣無故地對孩子發火呢？

1. 學會控制自己的情緒。

愛發火的父親往往不會控制自己的情緒，或者說不會在孩子面前控制自己的情緒，他們會在外人面前控制自己的情緒，卻不會在孩子面前控制情緒。恰恰相反，父親最應該在孩子面前控制情緒，因為孩子的心靈是脆弱的，他們更需要來自父親的包容關愛，而不是無端的指責。因此，父親要保持頭腦冷靜，不要因為工作中的事情而遷怒於孩子，這對孩子來講是不公平的，還會危害到孩子的心理健康。

2. 正視孩子的不完美。

正如世界上沒有完全相同的兩片樹葉一樣，世界上也沒有完全相同的兩個孩子。既然孩子都是不同的，父親就不要總是拿別人的孩子來對比自己的孩子，覺得自己的孩子是調皮的、不聽話的、不上進的、不優秀的。要知道世界上沒有完美的人，更沒有完美的孩子。因此，父親要放平心態，了解到自己和孩子的不完美之處，只有這樣才能真正了解孩子。

3. 學會欣賞孩子。

父親在評價自己孩子的時候，大多是帶著挑剔的目光，用自己孩子的缺點和別的孩子的優點相比，總覺得自己的孩子這也不好、那也不好。其實，每個孩子都有優點，不能只看到孩子的缺點，看不到孩子的優點。眼睛總盯著孩子的缺點，這樣就極其容易對孩子發脾氣。我們不妨換個角度，多看看孩子的優點，多想想孩子的長處，不要將學習成績作為評判孩子好壞的唯一標準。

只有正確看待孩子，才能避免對孩子發「無名火」，孩子才能變得獨立、自信、有主見。對孩子來講，他們希望獲得父親的認可，也希望獲得父親的理解。因此，父親要多關注孩子的內心世界，讓孩子感受到正面的父愛。

爸爸帶小孩方法解讀

在很多父親的潛意識裡，都把孩子當成是自己的附屬品，認為孩子必須聽自己的話，這種觀念在這些父親的心裡已經根深蒂固。然而，要想真正了解孩子，一味地擺出高高在上的姿態是不行的。我們要懂得如何去感知孩子，讓孩子感知自己，時刻牢記孩子並不是你的「私有物品」，更不是你的「出氣筒」。

第三章　避免傷害：與孩子相處時，遠離「隱性暴力」

別對孩子心存偏見

用片面的觀點去看待問題，這是人經常會犯的錯。一些父親一旦認定孩子有某些缺點之後，便會認為他們的這些缺點一直存在。記得一位父親說過這樣的話：「我女兒的學習成績不好，一次考試後，老師反映她考試作弊，我很生氣，打了她。後來又有一次考試，等她考完回來，我的第一反應是問女兒是否考試作弊了。女兒委屈地哭了起來，她說她就作弊一次，為什麼我要一直懷疑她？」這樣的父親並不少見，很多父親擔心孩子犯錯或者是孩子犯了一次錯，便片面地認為孩子遇到同類問題時會經常性地犯錯。這樣的想法或做法對孩子來講是十分不公平的，甚至會讓孩子感到不被信任，對孩子的成長是十分不利的。在孩子眼裡，父親對自己的認可是十分重要的，如果父親帶著偏見去教育孩子，勢必會影響他們的成長，甚至會讓孩子覺得自己無論怎麼做，父親都不會滿意，那麼自己也就沒有必要去改正錯誤了。聰明的父親在陪伴孩子的過程中，是不會片面地去評價自己的孩子的，更不會對孩子產生偏見，他們只會用信任的態度對待孩子的每一次進步，給孩子足夠的信任，從而讓孩子自覺改掉自己的缺點。

爸爸帶小孩案例

肖明下班回家時，看到兒子已經放學回來了，他走到兒子面前，看到兒子低著頭，發現兒子的臉上有輕微的擦傷，肖明突然想到之前兒子跟同學打架的事情，老師將肖明叫到學校處理問題。肖明看到兒子臉上的傷，以為和上次一樣兒子又打架了，然後就惱火了，向兒子嚷道：「你臉上的傷是怎麼回事？是不是又跟別人打架了？」

兒子原本低著頭在看書，聽到父親的話抬頭看了看他，說道：「沒有，是我不小心摔倒了弄傷的。」

「真的嗎？我怎麼看著不像，你是不是又打架了？」肖明不信兒子說的話，因為兒子自從上了小學後，已經和同學打過三次架了。

「爸，我真沒打架，不信您問我們老師。」兒子有點不耐煩地說道。「你要是再打架，看我回來不揍你。」肖明氣呼呼地說道。「您怎麼就是不相信我呢，我臉上有傷，您就說我打架；我考試成績好了，您就說我考試作弊；就連我說肚子痛，您都認為我是為了不想去學校裝病的。反正您就是不信我。」兒子生氣地嚷道。

的確，肖明總是認為兒子經常撒謊、惹事，所以只要兒子這邊有一點風吹草動，肖明就會想到以往兒子犯的錯，從而自己下結論，認為就是兒子做得不好、不對。其實，這樣的想法並非只有肖明有，同為父親的李飛也認為自己的女兒經常撒謊，而李飛之所以會對女兒有這樣的認知，是因為女兒曾經撒過慌。那次，女兒想要去同學家玩遊戲，又擔心父親不讓自己去，便騙李飛，說自己要去同學家寫作業。李飛很高興地讓女兒去了，因為在一個小區，李飛便沒有送女兒。到了晚上九點，女兒還沒回來，李飛便去找女兒，到了女兒同學家才發現兩個孩子在玩電腦遊戲。

當孩子犯過一次錯之後，很多父親會認為孩子以後還會犯類似的錯，這樣往往會讓孩子感到委屈、不公平和不被信任。

爸爸帶小孩妙招

爸爸的這種先入為主的觀念究竟是怎樣形成的呢？其實多半是因為父親對孩子缺乏深度了解造成的，畢竟孩子在成長的過程中，都會存在這樣或者那樣的缺點，作為父親一定要多去了解孩子的成長細節，從而避免以偏概全，過早地給孩子下結論。

1. 爸爸不要總是翻舊帳。

在孩子犯錯之後，很多父親在孩子再次犯錯時，會不由自主地「翻舊帳」，將孩子很久以前犯的錯拿出來進行說教，這樣的教育方法往往令孩子十分反感。比如，孩子之前因為調皮，在鄰居家牆上塗鴉。過了一段時間之後，樓道走廊的牆上滿是塗鴉，此時父親便認為是自己孩子畫的，畢竟孩子曾經犯過類似的錯。即便不是自己孩子畫的，父親還會拿這件事情來對孩子進行說教。孩子無緣無故受到父親的責罵，往往會覺得委屈、不公平。

2. 爸爸不要創造莫須有的問題。

有些父親擅長由一個小問題去引出一個根本不存在的「大問題」，這樣的教育方法也會讓孩子覺得很委屈。比如，孩子只是不小心將筷子掉到了地上，父親便以這件事為引子，指責孩子做事情不夠仔細，以後無論做什麼事情都會出現紕漏，等等。由孩子一次小失誤，引出許多莫須有的問題，這樣會給孩子造成負面的情緒影響，甚至會影響到孩子做事情的積極性。

3. 爸爸不要由淺論深。

有些父親善於講大道理，對孩子來講，聽父親講大道理可能不是他們喜歡的事情。比如，孩子寫作業的時候沒有按照順序寫，老師讓完成題本上的第 1 到第 5 題，孩子做完第 1 題之後，直接做第 3 題，再做第 5 題，然後再做第 2、4 題。父親看到了，便開始指責孩子做事情沒有邏輯、沒有規劃等。這樣的指責會讓孩子感到很難接受，因為在孩子看來，他只是單純地想按照難易程度做。

父親在陪伴孩子的過程中，不應該總是站在「我認為」的角度去看待問題，而是要站在孩子的角度去看問題，只有這樣才能避免對孩子產生偏見。如果父親對孩子產生了偏見，那麼很容易影響親子關係，甚至會讓孩子變得很自卑，這對孩子的成長顯然是十分不利的。

爸爸帶小孩方法解讀

沒有人喜歡別人戴著有色眼鏡看待自己，孩子也是如此。他們希望得到父親的認可和尊重，更希望得到父親的理解。因此，如果父親總是用以偏概全的態度來對待孩子，孩子的內心勢必會受到打擊，同時孩子會覺得父親不尊重自己，自己也不必尊重父親。

大人講尊嚴，孩子亦有「面子」

尊嚴是藏在一個人骨子裡不屈不撓的精神，它促使人積極進取，它使人擁有百折不撓的鬥志，它更是與人相處時的底線。在生活中，成人講究尊嚴和「面子」，於是我們在行走社會時，非常在意別人的評價與建議，更會受到他人的影響。在家庭教育的過程中，很多父親意識不到孩子也是有尊嚴的。隨著孩子的成長，他們很清楚什麼事情對自己是有好處的，什麼事情會讓自己「沒面子」。如果一位父親不能意識到孩子是有尊嚴的，那麼很容易在教育孩子的過程中傷害到孩子的幼小心靈。孩子感受不到來自大人的尊重，想必更不會尊重大人。

龍應台的一段話曾在網路上被瘋狂轉發：「孩子，我要求你讀書用功，不是因為我要你跟別人比成績，而是因為，我希望你將來會擁有選擇的權利，選擇有意義、有時間的工作，而不是被迫謀生。當你的工作在你心中有意義，你就有成就感。當你的工作給你時間，不剝奪你的生活，你就有尊嚴。成就感和尊嚴，給你快樂。」

這段話寫出了父親陪伴孩子的意義，更表明作為父母我們一定要明白教育孩子的意義，我們要讓孩子明白尊嚴的重要性。成人的尊嚴是在兒時養成的，我們想要讓孩子成長為一個自尊、自立的人，就應該給予孩子一些空間和時間。

爸爸帶小孩案例

在大街的一個角落裡有一個小乞丐，他跪在地上賣鉛筆。這天，一個商人經過這裡看到了他，留下1美金後，匆匆離去。過了一段時間，商人回來了，他走到乞丐面前，蹲下來對乞丐說：「剛才我給了你1美元，但是我忘了拿走筆，現在我要拿走筆，我們都是商人，都是賣東西的。」於是，商人挑選了一根筆後，轉身離開了。

商人走後，乞丐十分震驚，因為從來沒有人對自己說過這樣的話，也從來沒有人將自己看作是「商人」。他看了看自己，迅速地從地上站了起來，拍了拍身上的塵土，整理了自己的頭髮，開始認真地經營自己的鉛筆生意。幾年之後，他果然變成了一個商人，在一個聚會上，他再次遇到了曾經買自己鉛筆的商人，他對那位商人感激地說道：「是您給了我尊嚴，讓我成為了一名真正的商人。」

這個小乞丐之所以能夠成為一個商人，是因為遇到了一個能夠給予他足夠尊重的人，這個人讓他感到自己是有尊嚴的。我們在教育孩子的時候，也應該讓孩子感受到自己是有尊嚴的。

小明又和同學打架了，父親再一次被班導叫到學校。在回家的路上，小明低著頭一句話也不敢說，因為他明白無論自己說什麼，都會招致父親的一頓毒打。

回到家中，父親和往常一樣，拿出了執行「家法」的工具，是一根不粗不細的棍子，每次小明犯錯父親都會用這根棍子打他。父親每次打他的時候都會生氣地喊道：「我們家裡窮，能供你上學已經很不錯了，別招惹那些有錢人家的孩子，他們的父母都是有本事的人，你每次都不聽。我讓你打架！看我不打斷你的腿！」

小明的心裡一直覺得自己和別的孩子不一樣，甚至覺得自己低人一等，平時別人罵他，他也不敢還嘴。這次之所以打架，是因為別的同學罵他的父親，小明氣不過才選擇還手的，而自己的父親卻不問青紅皂白，直接就是一頓毒打。

在當今社會，很多爸爸會努力提供給孩子充足的物質生活，卻不知道保護孩子的尊嚴、培養孩子的自尊心。他們認為孩子這麼小，哪裡懂得什麼是尊嚴，更不會細心地去呵護孩子的自尊心。這不但會讓孩子變得自卑，同時當孩子覺得自己的尊嚴被踐踏時，他們會失去主見，甚至會學著大人的樣子用暴力的手段去解決問題。

爸爸帶小孩妙招

當孩子感受到來自父親的尊重時，他們的內心會產生一種存在感，這能夠激起孩子做事情的積極性。那麼如何培養孩子懂得自尊呢？

1. 尊重孩子，讓孩子感受到平等對待。

父親要從小讓孩子感受到平等待人的重要性。可現如今很多孩子都受到不平等的對待，尤其是在父親工作壓力很大的時候，他們很容易將工作中的壓力帶到生活中，他們還希望控制孩子的一切。有個孩子說道：「我希望將來有個屬於自己的房子，只有我有房子的鑰匙，我想讓爸爸進去就給他開門，不想讓他進去就不給他開門。因為現在他總是偷偷進我的房間看我在幹嘛，甚至還翻看我的東西。」

2. 正面引導孩子，給孩子留足「面子」。

孩子也是要面子的，我們要學會從正確的角度去看待孩子。作為父親更應該學著尊重孩子，給孩子留「面子」。

有這樣一個故事：有一個音樂家，他回宿舍的時候發現屋門是開著的。他走進去後，發現一個穿著破爛的男孩，男孩正要去拿自己的小提琴。這位音樂家自然知道小男孩是來偷自己的小提琴的，他沒有立刻趕小男孩走，而是對他說：「這把琴我本來打算送人的，既然你這麼喜歡，那我就送給你了。」

小男孩十分高興，拿著琴走了。過了很多年，在一場小提琴比賽中，這位音樂家是其中的一位考官。等到考試結束之後，獲得第一名的男孩走上臺，向這位音樂家深深地鞠了一躬，說道：「當年我沒有錢，但是因為我特別喜歡小提琴，才想到去偷您的琴，您發現之後不但沒有怪罪我，反而將小提琴送給了我，我很感激您。」

原來這個男孩就是當年偷琴的小男孩，這位音樂家當時沒有戳穿他，讓他擁有了尊嚴，得到小提琴後他努力地去學習，最終取得現在的好成績。

3. 不要當眾指責孩子，更不要將孩子的「醜」宣揚出去。

爸爸當著所有親戚的面指責女兒：「你怎麼這麼笨，夾菜都能把筷子掉在地上。」女兒一聲不吭，接下來女兒不敢再伸出筷子夾菜，只是不停地吃碗裡的白米飯。父親不要認為自己是孩子的家長，就可以肆無忌憚地教訓和指責孩子，更不要覺得在眾人面前指責孩子他們不會在意，其實這對孩子的成長是十分不利的，極易造成孩子的自卑心理，也容易使得孩子產生反抗心理。

4. 學會換位思考，站在孩子的角度思考問題。

很多父親只會站在自己的角度去看待問題，從來不去思考孩子為什麼要這樣做，我們要知道孩子只是個孩子，不是一個成年人。比如，孩子不小心打翻了醬油瓶，父親教訓孩子道：「你怎麼連這個都能打翻？真是笨死了。」然而就連成年人也會不小心打翻醬油瓶，更何況是一個孩子。

孩子希望得到父親的認可和尊重，不希望自己做的錯事被別人知曉。所以父親要了解孩子的心理，無論是做事情還是與孩子溝通，都要注意給孩子留「顏面」。不要頻繁地踐踏孩子的尊嚴，更不要認為孩子年齡小，根本沒有所謂的尊嚴。愛孩子就要讓他們看到希望，給他們創造希望。一個懂得尊重孩子的父親，才能給孩子打造出充滿希望的成長空間。

爸爸帶小孩方法解讀

孩子犯下的所有錯，都是其成長過程中的必然現象，我們該如何面對孩子的錯誤呢？作為父親要懂得尊重孩子，對孩子說話要講究方法和分寸，從生活瑣事中讓孩子感受到你對他的尊重。己所不欲，勿施於人。自己不想做的事情，我們也不要逼迫孩子去做。和諧的親子關係是建立在相互尊重的基礎上的，這樣培養出來的孩子才會更加自愛、自信和自強。

就事論事，不能總是翻舊帳

你是一位愛翻舊帳的父親嗎？在生活中，有很多父親喜歡「就人論事」、「情緒化論事」，面對孩子時，又有幾位父親能做到「就事論事」呢？尤其是在教訓孩子的時候，我們總是帶有一些主觀情緒。比如，孩子喜歡看電視，我們便會說孩子不好好學習；孩子某道題做錯了，會罵孩子笨；孩子將衣服弄破了，會罵孩子太調皮了……很多父親習慣了這種教育方式，他們根本意識不到自己的錯誤，也意識不到這樣做的後果。

「我早就告訴過你，不要這樣做……」、「上次你就是這樣做的，我早就說過，你就是不長記性……」類似這樣的話，相信很多父親都對孩子說過，這也是跟孩子翻舊帳時常用的開場白，當然，這也是孩子最反感的開場白。我們要切記，父親在教育孩子的時候最好做到就事論事，忌翻舊帳。

爸爸帶小孩案例

「你怎麼又做錯這麼多題？我就知道你做題時不認真，同樣的題上次錯了，這次又錯了……」小張在不停地吼罵兒子。兒子上了小學之後，他一直擔心孩子的學習成績跟不上，每次孩子做作業時，小張都會陪在他的身邊。或許正因為如此，孩子感到很緊張，平時會做的題總是做不對。

「爸爸，你別說我了，你越說我，我越緊張，越容易做錯。」兒子委屈地說道。

「你緊張什麼？有什麼可緊張的？你這純粹是找藉口，以前你說謊我沒打你嗎？你這個毛病真是改不了啊！」小張繼續吼道。

「爸爸，我沒說謊，我看到你就緊張。」兒子哭著說道。

「哭，哭，這麼大了就知道哭，真是沒出息！」小張說道。小張根本沒有意識到孩子已經出現了心理問題，而產生心理問題的根源就來自他的這種教育方式。在現實生活中，很多父親會在孩子犯錯之後，直接教訓孩子當下所犯的錯，並且還會連帶孩子之前犯的錯，重新罵一次。這種連帶式的教訓方法，就是在不斷強調孩子的弱點，深化孩子的過錯，極其容易讓孩子產生緊張情緒與自卑心理。

爸爸帶小孩妙招

就事論事說起來容易，做起來卻很難，尤其是在教育孩子這件事情上。很多父親出於教育習慣，總是慣性地翻舊帳，想要避免這種教育方式，就需要做到以下幾點：

1. 學著包容孩子的缺點。

父親應該學會包容孩子，包容也是愛孩子的一種方式，但包容並不意味著無休止地縱容孩子，而是可以透過合理的包容，讓孩子感受到父親的愛。畢竟孩子犯錯之後最愧疚的是他自己，因此，在小錯誤上父親選擇包容孩子，能夠給孩子足夠的空間實現自我成長，並讓孩子感受到父親的愛。

2. 不能情緒化論事。

父親在教育孩子之前，應該先學會控制自己的情緒，尤其是在自己的情緒被生活或工作所左右的時候，一定要避免因為自身的原因牽連到孩子。善於控制自己情緒的父親，不會遷怒於孩子，更不會遷怒孩子以往的過錯。

每位父親都希望將孩子培養成優秀的人，那麼首先我們必須要重視自身修養問題。一個有修養的父親培養出來的孩子自然也不會太差，當然，這需要一段漫長的沉澱過程。無論如何只要我們認真去管理自己的情緒，提高自身修養，就一定能夠培養出一個好孩子。

爸爸帶小孩方法解讀

一個總是喜歡用翻舊帳的方式來教訓孩子的父親，很容易激化親子之間的矛盾，因為這是孩子最為反感的教訓方式之一。作為父親應該意識到孩子犯錯是在所難免的，一兩次的錯不能決定孩子的未來，也不能決定孩子的品格。因此，父親不應誇大孩子的錯誤，而是應該讓孩子有足夠的自信去改正錯誤。

無限壓制，孩子的不滿會「惡化」

在生活中，我們經常會看到有一些孩子很叛逆，雖然他們還沒有進入青春期，就已經開始跟父母「唱反調」，父母讓他往東，他偏要往西。此時，很多父母開始抱怨：「怎麼現在的孩子這麼不聽話，小時候叫他做什麼就做什麼，現在可好，叫他做什麼就偏偏不做什麼。」其實，只要我們認真分析便不難看出，孩子並不是不聽話，也並不是覺得父母的做法不對，而是反抗心理在作祟。這種心理之所以會形成，其實相當程度上與孩子所承受的壓力和約束力是分不開的。

「我怎麼說，你就怎麼做，你要聽話。」很多父親會對孩子說這樣的話，似乎只要是父親的要求和建議，孩子就必須遵從，似乎父親就是孩子的主宰，孩子不應該有自己的個性和發言權，這種高壓狀態，對孩子的性格養成是十分不利的。

許多父親在教育孩子的過程中，不能站在與孩子平等的位置，或者說根本沒有將孩子當成是一個獨立的個體，而是將他們看成是自己的「附屬品」。父親認為自己社會經驗豐富，所做的、所說的都是為了孩子好，孩子就應該事事聽自己的，什麼事都應該按照自己的意願去做。其實，這種想法是不正確的，是有百害而無一利的。

爸爸帶小孩案例

日本治癒系編劇岡田麿里在作品《想哭的我戴上了貓的面具》中，描述了一個上了國中的小女孩，別人替她取了個外號叫「無限」。這個小女孩在面臨人生三大課題時，絕望的她選擇不再做人，而是化身為喵星人「太郎」，為了躲避現實，她決定戴著貓臉面具生活。這個小女孩選擇用這種方法來逃避現實。

各位父親可以想像一下，如果自己的孩子用逃避的方式來面對現實生活，應該怎麼辦？

小櫻有一個不好的習慣，每次她寫完作業就會將書本擺在那裡，自己從來不去收拾。作為父親的老余看到女兒這樣，每次都會嘮叨：「跟你說過多少次了，寫完作業自己收拾一下，看你的學習桌亂的……」

面對父親的指責，小櫻無動於衷，仍然坐在一邊玩自己的玩具。老余不耐煩了，生氣地走到小櫻面前，將她手裡的玩具奪過來，扔到一邊，衝著小櫻喊道：「你沒聽見我說的話嗎？我叫你把書桌收拾乾淨。」其實父親第一次說的時候小櫻就聽到了，但是她不想去收拾，原因很簡單，因為她不想什麼事情都按照父親要求的去做。「我不想收拾。」小櫻不耐煩地說道。「我叫你收拾，你就得收拾，我是你爸，你就得聽我的。」老余又說出了這句話，每次女兒不聽話的時候，他都以「我是你爸，你就得聽我的」作為「制服」女兒的手段。

小櫻走進了房間，她重重地將門關上，一晚上沒有走出房間。「我是你爸，你就得聽我的」是很多父親慣用的「話術」，他們認為這是一句十分有道理的話，這句話成為很多父親解決一切教育問題的「法寶」。但是作為父親的你是否仔細想過，這句話究竟是對是錯呢？

其實，孩子的內心是承認父親是長輩的事實的，但是這並不意味著父親所說的話孩子都應該無條件遵從，因為他們不認為父親擁有掌控自己的權利。不要再用這種強硬的手段來「制服」孩子了，這樣造成的教育後果很嚴重，甚至會讓孩子越來越叛逆。

爸爸帶小孩妙招

許多父親意識不到自己的教育方式其實是在給孩子施壓，他們認為自己做的都是對的，都是在為孩子好，殊不知這樣反而會讓孩子覺得是一種負擔。那麼，我們應該怎麼做呢？

1. 不「以父之名」，壓制孩子的思想。

很多父親總用長輩的身分來教育孩子，試圖用自己的「威望」來說服孩子，讓孩子按照自己的意願做事情，這本身就是對孩子的一種不尊重。在教育孩子的過程中，不要用父親的「威嚴」去壓制孩子，更不要讓孩子覺得必須聽父親的，而是應該讓孩子自己思考。適當地放任自由，說不定會有意想不到的效果。

2. 給孩子發言權，別讓孩子覺得不公平。

在很多家庭中，孩子的發言權常常是被剝奪的，比如，孩子弄壞了玩具，很多父親還不等孩子解釋，就臆斷孩子犯錯的原因，「你怎麼這麼不小心」、「你怎麼這麼不懂得珍惜自己的玩具」，等等。當父親剝奪了孩子的發言權，同時又按照自己的想法去指責孩子時，勢必會讓孩子的內心感到十分不公平。不讓孩子說話，對孩子的成長是沒有好處的。因此，在教育孩子的過程中，不要去提早評論孩子、給孩子貼標籤，而是要先聽孩子說，讓孩子先表達自己的想法，只有這樣孩子才能從心底感覺到父親是尊重自己的。

3. 給孩子自己做選擇的權利。

隨著孩子長大，他們希望能夠得到自己做選擇的機會，不管是報不報才藝班，還是穿什麼衣服，他們都希望自己選擇。這個時候父親一定要給孩子機會，不要讓孩子覺得自己沒有能力做選擇。父親不要將自己的意願強壓在孩子身上，不要認為自己做的選擇，一定比孩子做的選擇正確。把選擇的權利還給孩子，從而讓孩子獲得更多的參與感，這樣才能讓孩子形成獨立自主的性格。

父親愛孩子，但不能包辦一切，更不能將自己的意願強加在孩子身上，要給孩子足夠的安全感，讓孩子自己做主。每個孩子都渴望自由，如果父親對孩子過於壓制，會讓孩子失去自由飛翔的能力，只能成為一個跟隨在父親身後的「小影子」，孩子的心理健康也會受到影響。

爸爸帶小孩方法解讀

父親要給孩子一定的自由，這裡所說的並不是讓孩子瘋跑一會就是自由，而是讓他們擁有選擇權和自我控制的權利。孩子需要參與感，而參與感的直接來源就是選擇權。如果不想讓孩子對你感到不滿，故意跟你作對，那麼作為父親就應該給足孩子空間和時間，從而讓他們的天性得到釋放。

不用負面比較傷害孩子自尊心

什麼是負面比較？負面比較就是父母用一些否定、指責式的語言來評價孩子，而這種評價的標準則是與孩子年齡相仿的其他同齡人，或者是之前發生過的同類事情。在現實生活中，一些父親會不由自主地對孩子進行負面比較，比如：「為什麼別的同學就會做這道題，你卻不會？」、「別人全都知道讀書，你怎麼就知道看電視？」這些負面的語言不僅會傷害孩子的自尊心，還會讓孩子感到十分無助。

父親管教孩子並沒有錯，但是不正確的管教方式反而會適得其反。當父親總是用比較的方式與孩子交談，孩子不但意識不到自己的錯誤，內心還會失去平衡，這樣達不到管教的目的。父親這種時刻對比的行為，其實是一種比較心理在作祟。

爸爸帶小孩案例

「我覺得我的父親不愛我。」在親子節目中，一位小女孩說道，「我覺得我的父親愛我們班的小琪要比愛我多一些。」

聽了小女孩的話主持人很驚訝，問她為什麼會這樣說，小女孩解釋道：「因為在父親的眼裡，小琪什麼都是最棒的，學習比我棒，跑步比我快，畫畫比我好。反正在父親看來，小琪是最好的孩子，特別聰明懂事，我是最笨的。」

接著主持人問道：「你父親是不是經常說你不如小琪？」

「對啊，只要我有什麼事情做得不好，父親就會誇獎小琪。」小女孩說道。

「那小琪的確像你父親說的那麼好嗎？」主持人問道。

「她的學習成績確實比我好，但其他方面也不如我，但是在我父親眼裡，她就是比我好。」小女孩繼續說道。

主持人反過來問這個小女孩的父親：「您真的更喜歡小琪，超過了您的女兒嗎？」

「我愛我的女兒，這點是肯定的，我平時這樣說其實也就是想讓她向小琪學習。小琪的學習成績比我女兒好，所以我才常常用小琪來激勵她。」父親回答道。

「您覺得您這是在激勵孩子？」主持人問道。

「對啊，我怎麼可能會不愛自己孩子，愛別人家的孩子？我這樣說無非是希望激勵女兒，希望她學習更好，跑步更快，畫畫更好。」父親解釋道。坐在一旁的教育專家按捺不住了，他們告知這位父親這種做法是不正確的，這樣做根本不利於激勵孩子的上進心，反而會傷害到孩子。的確如此，先不說孩子的上進心是否得到激勵，孩子竟然開始懷疑父親對自己的愛。一旦一個孩子對父愛產生了懷疑，那麼他對父親的所有言行教育都可能產生懷疑，這樣自然不利於以後父親管教孩子。小女孩之所以會質疑父親對自己的愛，主要還是因為父親平時錯用了負面比較的教育方法。

爸爸帶小孩妙招

每個人身上都有缺點，孩子也在所難免。平日裡，父親不應該總拿孩子的缺點與別人的優點進行比較，然後以此作為評價孩子的理由和依據。那麼，父親要如何避免使用負面比較的方法來教育孩子呢？

1. 看到孩子的優勢所在。

每個孩子都有優點，只要父親耐心觀察，便能找到他們的優勢所在。當孩子犯錯的時候，父親不妨多想想他們的優點，這樣能夠很快平復自己的心情，避免使用錯誤的方法教育孩子。

2. 建立孩子的自信心。

當孩子具備自信心之後，做事情才能有主見，才能降低犯錯的機率，自然父親也就很少會教訓孩子。因此，父親幫孩子樹立自信心，可以讓教育變成一個正向循環。

3. 接受孩子的平凡。

一位大學教授在談論自己女兒的時候說道：「我以為我的女兒會遺傳我的智商，萬萬沒想到輔導她寫作業讓我很無奈，也很頭痛。這個時候我才意識到她和其他孩子一樣，也是一個平凡的人。我開始接受她的平凡，在後來的教育過程中，我反而覺得順暢了很多，也不覺得輔導她寫作業是一件難熬的事情了。」

在現實生活中，很多家長都不願意承認孩子是平凡的，總是覺得自己的孩子應該是「天才」、「冠軍」，他們甚至認為自己的孩子就應該做出一番驚天動地的偉業，但是要知道百分之八十的孩子都會平凡地度過一生，包括我們自己。因此，父親只有接受了孩子的平凡，才不會因為孩子的一次小小的失誤而大發脾氣，更不會因為孩子的一次小小的失敗而無比失望。

對於孩子來講，他們希望得到父親的讚揚，而不希望總聽到自己父親讚揚別人家的孩子。如果父親總是拿孩子的缺點與別人的優點進行對比，孩子會覺得自己一無是處，產生自卑的心理，最終導致孩子形成唯唯諾諾、沒有主見的性格。每個孩子都是獨一無二的，因此父親要善於發現自己孩子身上的優點，幫助孩子看到自己的不足，尊重孩子，讓孩子做真正的自己。

爸爸帶小孩方法解讀

在這個世界上，每位父親都希望自己的孩子能夠成為一個優秀的人，於是便對他們多了一些要求，有時甚至還會有一些苛刻的要求。這可能並不是壞事，但是如果父親總是貶低孩子，他們只能接收到來自父親的教訓，而接收不到來自父親的表揚，久而久之他們會變得消極、懦弱，甚至會讓孩子懷疑父親對自己的愛。

第四章　平等溝通：放下權威，用心傾聽孩子

傾聽哭泣，抓住消除隔閡的時機

通常情況下，當孩子哭的時候很多爸爸會覺得心煩。因為在很多父親看來，孩子的哭聲意味著自己的無能。在生活中經常出現這樣的情形，孩子為了一點小事就開始哭泣，爸爸聽到孩子哭，瞬間便沒了好心情，感到十分惱火、不安和憤怒。於是，爸爸開始想辦法止住孩子的哭聲。有的爸爸會透過盡力哄孩子的方式讓孩子停止哭泣，而有些爸爸開始責備孩子，希望透過自己的吼叫「嚇」住孩子，讓孩子停止哭泣。爸爸以為只要止住孩子的哭聲，麻煩就消失了。

但是，父親們仔細觀察就會發現真實情況並非如此，孩子可能會如你所願恢復安靜，但是他們心裡仍然不高興，孩子的情緒會在長時間內處在低落的狀態，打不起精神，他們會變得不再信任別人，有些孩子甚至會對生活中的一切都感到不滿意。

在孩子哭泣的時候，父親要做的不是直接教訓孩子，而是換一種方式，即留在孩子身邊學會安靜地傾聽，不打斷孩子的哭泣，很多時候孩子的煩惱會隨著哭泣逐漸消散，哭泣也會隨之停止，原因很簡單：哭泣能癒合創傷。孩子透過哭泣來治癒自己所受的傷，之後他們會變得更加堅強和自信。傾聽的過程很重要，父親在這個過程中不需要做太多，但是必須要陪在孩子的身邊，讓孩子知道你是支持他的，你並沒有因為孩子哭泣而反感他，最終使孩子能夠重新充滿信心和希望。傾聽能夠幫助孩子受傷的心癒合，也能夠增進親子感情，消除隔閡。

爸爸帶小孩案例

小宇已經上小學了，因為父親工作的原因，他轉到了新的學校。在新學校裡，他感覺十分不適應，尤其是班裡沒有熟悉的同學。因為自己和大家都不熟悉，所以下課的時候沒有同學主動和他一起玩。

回到家中，小宇很不開心。再加上自己養的小金魚還死了，這讓他感到十分難過，於是便開始哭了起來。

父親下班回家看到了這一幕，但是他沒有多說什麼，而是坐在小宇的對面，遞給他一張紙巾。小宇哭了五分鐘，然後擦乾了眼淚。

此時，小宇已經恢復了平靜，父親便開始問他：「能不能告訴爸爸你為什麼難過？」

「爸爸，我的小金魚死了。」小宇說道。

「這個的確很遺憾，不過我們可以想想小金魚為什麼會死，以後再養魚我們可能更有經驗。」父親耐心地說道。

「爸爸，在班裡我沒有好朋友，誰都不認識，我想念原來班裡的好朋友。」小宇說道。

父親意識到這才是兒子哭泣的真正原因，便對他說道：「的確，現在這裡是沒有你熟悉的朋友，爸爸理解你。不過，兒子，你應該學著去交新朋友，你不可能永遠和以前的朋友在一起，你也不可能總是待在一個環境裡。人到了新的環境，就是要學著交新朋友，慢慢適應新的環境。」

聽了父親的話，小宇似乎明白了什麼。對於孩子來說，他們哭泣往往是有原因的，而這些原因是需要父親耐心去了解的。孩子哭泣只是一種釋放內心情緒的方式，父親應該給予孩子機會去釋放自己的情緒。

爸爸帶小孩妙招

當孩子哭的時候，爸爸應該做到以下幾點：

1. 不要流露出不安，也不要給予忠告。

既然父親已經來到孩子的身邊，那麼，孩子勢必會希望得到你的幫助。在這個過程中，作為父親應該不動聲色，不要有明顯的不安感，否則只會讓孩子不敢表達。例如，如果孩子哭泣的原因是從腳踏車上摔下來，摔痛了，而父親如果表現出不安或者是不停地給孩子忠告，孩子的注意力會完全集中在自己的疼痛上，這個時候孩子根本聽不進去你說了什麼。父親的不安只會讓孩子覺得更加沒有安全感，這對孩子的成長自然是沒有好處的。反之，如果父親安靜地陪伴著孩子，孩子哭夠之後，會重獲安全感和自信，自然會十分迫切地希望了解剛才自己摔下來的原因，此時，父親再提醒孩子該怎麼騎腳踏車、如何避免摔傷等，孩子才會記在心裡，忠告才會有意義。

2. 用和藹的語氣，請孩子把他的煩惱告訴你。

孩子不可能無緣無故地感到委屈，而且孩子心裡越委屈越不容易表露出來。

因此，這個時候父親需要對孩子表明你想要了解他的煩惱，耐心地聆聽孩子說出自己的煩惱。要遵循哭在前、談在後的過程，這樣不但有利於孩子說出自己的煩惱，還有助於你和孩子之間感情的加深，之後再遇到問題孩子更願意和你傾訴。

3. 不要評論孩子的情緒。

相信很多父親都難以做到這一點，因為我們習慣了站在自己的角度去看待問題，也習慣了帶著自己的私人感情去影響孩子。但孩子有自己的喜怒哀樂，有很多影響孩子情緒的因素可能是我們所注意不到的。在孩子傷心時，我們要求孩子「你該感到高興才對」，這對孩子來講是一種過分的要求。如果父親能夠做到感同身受，對孩子說「你不開心，爸爸也會不開心的，爸爸能理解你的感受」，這樣就給了孩子正視自己情感的機會。而類似「別覺得自己委屈，都是你自己造成的」這樣的話，只會讓孩子覺得父親不理解自己，原本父親想要幫助孩子擺脫煩惱，可是現在卻適得其反。

傾聽孩子，並不意味著你認可了對方的情緒，也並不意味著你縱容了孩子的任性，作為父親，你只是在幫助孩子擺脫不良情緒的困擾。孩子煩惱不能正常思考時會哭鬧，孩子無助的時候也會哭泣，孩子希望透過哭泣來擺脫心裡的壓力和苦惱，而父親傾聽的過程就是幫助孩子逐漸消除不良情緒的過程。一旦完成了整個傾聽過程，孩子就會恢復自己本來的判斷力。

孩子哭鬧時，父親可能會聽到孩子抱怨，比如，有些孩子會抱怨父親不愛自己，或者是抱怨其他人不理解自己，這些都是孩子在宣洩煩惱時會說的話。因此，孩子在試圖「哭掉」煩惱的時候，父親要給予孩子「口無遮攔式的自由」。如果孩子能哭出來，並對爸爸說出自己最糟的感覺，孩子的煩惱就會逐漸消失的。孩子這樣做也表明他們是十分信任自己父親的，自然親子之間也就沒有了隔閡。

爸爸帶小孩方法解讀

父親是孩子生命中重要的人，父親要理解孩子對哭泣的需求。哭泣的過程並不一定是孩子欲望的表述，很可能是他們宣洩情緒的一種方式。孩子能夠透過哭泣來進行自我治癒，因此在這個過程中，父親要做的就是默默地陪伴他們，認真地聆聽孩子的哭泣，給他們足夠的安全感，這也是消除親子之間隔閡的有效手段之一。

出現分歧，別急著說服孩子

在生活中，父親與孩子出現分歧是常有的事情。通常情況下，父親會在出現分歧之後，想辦法讓孩子按照自己的意願去做事情。當父親與孩子出現分歧之後，父親想的不應該是如何改變孩子的思想，而是要想清楚為什麼孩子的觀點會與自己的觀點不一樣？這個是最重要的。

但是很多時候，父親總是急於說服孩子，希望孩子按照自己的想法去做事情，他們不知道這樣的想法反而會讓孩子感到十分壓抑，甚至懷疑自己的判斷力。出現分歧並不可怕，可怕的是作為父親的你不分青紅皂白，逼迫孩子按照自己的觀點去做選擇或做事情。

隨著孩子的成長，他們對外界事物有了自己的認知，這個時候的孩子不會什麼事情都依賴父母了，也不可能單純地按照別人的指令去做事情。他們有了自己的判斷能力和想法，因此，他們會試圖按照自己的意願去做。面對孩子的這種成長特點，父親要做的就是尊重孩子的想法，在出現分歧的時候一定要找到原因，別急著去說服孩子，更不要強迫孩子。

爸爸帶小孩案例

小宇帶著兒子東東去郊遊，東東希望去山裡玩，因為山裡有小溪，而小溪裡有小魚，他想撈小魚。但是小宇卻不希望去山裡，一個原因是去山裡的路程較遠，另一個原因是小宇不想讓兒子瘋玩，他想帶孩子去博物館，希望兒子能學到一些知識。

面對小宇的提議，東東自然是不高興的。但是小宇似乎已經自己決定了這次出行計劃，對東東說道：「我覺得我們應該去博物館，這要比去野外抓魚抓蝦有意義得多。」

「爸爸，你不是說帶我去玩嗎？去博物館一點也不好玩，我想要去山裡玩，我們班同學都說山裡好玩。」東東說道。

「你就知道玩，我帶你出去是希望你能學到知識，而不是單純去玩的。」小宇說道。

「可我不想去博物館，我就想去山裡抓魚。」東東生氣地說道。

「如果你不去博物館，那這次計畫就取消，你在家裡寫作業吧！」小宇也十分生氣。

「不去就不去！」東東生氣地回到了自己房間。

原本東東十分期待這次外出，從幾天前他就開始期盼週末了，他還答應了好朋友，捉到魚之後將魚帶到學校去。因為這件事情，東東有一週的時間沒有理小宇，小宇也十分生氣，認為兒子只知道玩，不知道學習，還愛耍小脾氣。

在生活中，類似這樣的事情時有發生，隨著孩子的成長，父親與孩子出現分歧的次數也會逐漸增多，畢竟孩子不再是那個沒有判斷能力的小孩。

爸爸帶小孩妙招

隨著孩子長大，他們對事情有了一定的認知，有了自己的想法，同時他們的心思也變得很細膩，因此，與父母出現分歧是常有的事情。那麼，父親與孩子出現分歧後，究竟要如何去做呢？

1. 詢問孩子堅持這樣做的理由。

孩子做決定往往有自己的理由，不管孩子的理由是對是錯，作為父親都應該先了解孩子為什麼要做這樣的選擇和決定。比如，東東想要去大山裡抓魚，其實就是為了上學的時候將魚帶到學校，因為他已經答應了好朋友。小宇不問清楚孩子原因，直接「否定」孩子的想法，這對孩子來講是不公平的。

2. 學著站在孩子的角度思考問題。

父親不妨站在孩子的角度去思考問題，這樣能夠極大限度地避免與孩子產生思想上的分歧，也能避免對孩子產生誤會。比如，小宇如果站在孩子的角度看待這次出遊，他應該能夠想到孩子堅持要去野外抓魚是有原因的，自然不會如此強硬，逼迫孩子按照自己的意願去博物館。

3. 尊重孩子的決定，給孩子大膽嘗試的機會。

也許孩子的決定是錯誤的，即使這樣父親也要給孩子嘗試犯錯的機會，這並不一定是壞事，這樣反而能夠讓他們感受到來自父親的尊重。當然，在孩子意識到自己錯了之後，他們可能會主動按照父親的思路去做事情。

每位父親都希望孩子少走彎路，因此會想盡一切辦法幫助孩子做正確的決定。在這個過程中，孩子可能不理解父親，可能與父親產生分歧，面對這樣的事情，父親要做的就是尊重孩子，如果不能夠讓孩子理解自己、按照自己正確的決定去做，不妨讓孩子按照他們的意願去做，當孩子經歷數次失敗之後，他們或許會變得更加勇敢，也會理解父親，從而接受父親的建議或想法。

爸爸帶小孩方法解讀

父親所做的一切決定初衷都是「為了孩子好」，但是很多時候父親所謂的「對孩子好」，是他們所不能理解和接受的。這個時候父親要做的不是急著逼迫孩子按照自己的想法去做，我們可以鼓勵孩子按照他們自己的決定去行動，當他們按照自己的意圖達不到目的的時候，再溫柔地建議他們嘗試我們的方法。

共進晚餐，飯桌上沒有「父親大人」

古人云「正飲食不責」，即吃飯的時候不去責備孩子，即便孩子犯了錯，因為在這個時候責備孩子，不僅影響他們的食慾，還會影響他們的心情，對孩子身體是有百害而無一利的。說到這個問題，你不妨想一想你是否每天和孩子共進晚餐？

在飯桌上教育孩子聽上去不是一件大事，好像碎念幾句也沒有什麼不好的結果。然而，教育孩子往往就是在日常細節中，而不是靠大的道理或者舉動。與孩子共進晚餐，其實是利用這段溫馨的時間了解孩子的一些心理變化。比如，在飯桌上父親可以問問孩子有沒有遇到開心的事情，了解孩子的交友情況等。這樣不僅能讓父親更加了解孩子，還能夠深化孩子與父親之間的情感。

隨著社會的發展，工作壓力越來越大，父親陪孩子一起吃晚餐的機會可能不太多，還有些父親為了多玩一會手機、多看一會電視、多跟好友喝一次酒，犧牲掉陪孩子用餐的機會。他們可能認為這不是什麼重要的事情，殊不知這樣做會減少與孩子溝通的機會，失去了解孩子的機會，慢慢地你的心會與孩子的心越來越遠。

爸爸帶小孩案例

街頭，調查者在做問卷調查，他們的主要調查對象是 10 至 15 歲的孩子。在調查問卷上，有一道題是這樣的：你的父親陪不陪你一起吃晚飯？在選擇的 100 個調查對象中，選擇「不經常」的人數是 57 個，選擇「經常」的是 15 個，還有剩下的 23 個竟然選擇了「從來不」。先不管這 23 個選擇父親從來不陪自己吃晚飯的孩子是怎麼回事，就說這57個選擇「不經常」的孩子，他們的父親可能偶爾陪他們吃晚飯，但不會每天都陪孩子吃晚飯。這個結果讓調查者出乎意料。緊接著，調查者又看了15個選擇「經常」的孩子做的另一道題。

在另一個問題的選擇上，更讓調查者感到意外：請問你喜歡與父親共進晚餐嗎？

在這15個孩子裡，有10個孩子選擇「不喜歡」，3個孩子選擇「喜歡」，2個孩子選擇「無所謂」。

為什麼超過一半的孩子選擇不喜歡與父親共進晚餐呢？調查者採訪了其中的一個孩子，這個孩子回答道：「我爸爸和我一起吃飯的時候總是指責我，要麼說我學習不好，要麼說我這做得不對、那做得不對。每次和爸爸一起吃飯，我都感到很緊張。還有一次，吃完飯我就感覺到胃痛，我覺得是因為緊張，吃得太快造成的。」

透過調查結果不難看出，在生活中很多父親不經常陪自己的孩子吃晚餐，而陪孩子吃晚餐的父親中，也有一大部分人會選擇在飯桌上「教育」孩子，這勢必會給孩子造成一定的心理壓力。

爸爸帶小孩妙招

父親需要多陪伴孩子，因為陪伴能夠加深親子之間的感情，避免產生隔閡，而與孩子共進晚餐是一種最有效的陪伴。

1. 共進晚餐能提升孩子的認知能力。

有博士經過多年研究，發現和孩子共進晚餐可以很好地提升孩子的認知能力。孩子認知能力得到提高有助於孩子學習成績的提升和對外界事物產生正面的反應。

2. 共進晚餐有助於孩子養成健康的飲食習慣。

經過研究證明，父親與孩子共進晚餐能夠明顯降低兒童的肥胖率。每週父親能夠與孩子共進晚餐達到三次，有利於孩子養成健康的飲食習慣。健康飲食習慣的養成，對孩子的身體發育是有好處的。

3. 與父親共進晚餐有助於孩子表達能力的提升。

在飯桌上父親與孩子交流一天發生的趣事，甚至讓孩子聆聽大人之間的對話，這樣對孩子表達能力的提升也是十分有幫助的。因為這樣能夠讓孩子聽到更多的詞彙，能夠提升孩子的語言應用能力。

4. 共進晚餐是相互了解的過程。

在飯桌上，父親與其他家庭成員之間的交流能夠影響孩子對成人世界的認知，也能夠加深孩子對父親的了解。同樣，父親在與孩子的交流過程中，也能夠加深父親對孩子的了解。在彼此連結的狀態下，就不容易產生間隙。

5. 溫馨的用餐氛圍有助於孩子感受到愛。

溫馨的用餐環境能夠讓孩子感受到幸福和愛。父親陪孩子吃晚餐本身就是一件充滿愛的事情。如果孩子的成長過程中充滿了愛，自然有利於他們今後的學習和生活。

在現實生活中，部分父親習慣用各種理由來為自己沒有陪孩子吃晚餐做辯解。無論如何，父親都應該珍惜與孩子一起用晚餐的機會，因為在飯桌上你可以了解到孩子一天的心情，也可以讓他們了解你的想法，能夠高效增進親子關係。

爸爸帶小孩方法解讀

共進晚餐看似一件輕鬆平常的事情，但是一些父親卻很難做到。作為父親，務必爭取用多一些的時間來陪伴孩子。與孩子一起用晚餐這個過程本身就是充滿父愛的，同樣，在這個過程中，父親可以讓孩子了解自己，父親也可以了解孩子的生活和心情。

故意求助，給孩子一個被「仰視」的機會

你在孩子心目中是什麼形象呢？或許在孩子看來，父親的形象是偉大的、威嚴的、無可替代的，父親做的決定，孩子似乎沒有改變的權利。在孩子遇到困難的時候，他們會選擇求助

於父親，父親若在此時伸出援助之手，父親在孩子眼中的形象就變得高大偉岸。有些孩子會嚮往擁有父親一樣的「威信」，希望被別人仰望，畢竟，在生活中孩子總是要用「仰視」的視角來看待父親。

孩子的內心往往是脆弱的，而在孩子脆弱的時候，父親就需要扮演一些重要的角色，這時父親就成了他們治癒脆弱內心的「良藥」。當父親幫助孩子擺脫脆弱、重樹自信之後，孩子內心中充滿了對父親的讚揚和崇拜，而這種被求助、被崇拜的感受也是他們所希望擁有的。

「希望長大後我能成為像我爸爸一樣的人。」這句話我們似乎一點也不陌生，聽到這樣的話父親總是會感到自豪和驕傲，因為父親覺得自己在孩子心目中已經樹立起了高大的形象，成為了孩子的榜樣。但是站在孩子的角度來講，孩子希望自己也成為那個被「仰視」、被崇拜的人。作為父親，為何不給孩子一次被「仰視」的機會，讓孩子為自己感到自豪呢？

爸爸帶小孩案例

兩個八、九歲模樣的小男孩在爭吵，只聽到其中穿藍色衣服的男孩說道：

「我爸爸是世界上最厲害的父親，他能用石頭擊中樹上的蘋果，儘管那棵樹很高很高。」

另一個穿紅衣服的男孩緊接著說道：「這算什麼，一點也不厲害，我爸爸才厲害呢！我們家的洗衣機出問題了，我爸爸竟然能修好，這可是一個專業技術工作。」

「那算什麼，我爸爸也會修洗衣機，我的書桌壞了，我爸爸還會修呢！」藍衣服男孩不甘示弱地說道。

「一次我騎腳踏車摔傷了，我爸爸抱著我跑到一家很遠很遠的醫院，要知道我現在都已經30公斤了。」紅衣服男孩驕傲地說道。

「我爸爸厲害！只是有一次我把電視臺調亂了，卻不敢告訴爸爸，最後我告訴了媽媽，她幫我調好的。」穿藍衣服的男孩說道。

「我也是，我害怕我爸爸，有時候不想跟他說話，因為不管我說什麼，他總是指責我，感覺在他面前我一無是處。」紅衣服男孩附和道。

「我也是，我有心事也不敢跟他說，他只會念我，要我別亂想，怎麼總是不好好學習。」藍衣服男孩說完沉默了。

就這樣兩個小男孩你一句我一句地說個不停，不難看出他們都以自己的父親為自豪，兩個男孩都十分崇拜自己的父親，他們總是站在「仰視」的角度來看父親，因此很多事情他們不敢與父親直接進行交流。

爸爸帶小孩妙招

在家庭中，有時父親有必要保持自己的威嚴感，但是不要時時刻刻這樣，惹得孩子不敢與你進行正常的交流。父親要讓孩子明白你的底線在哪裡，同時也要讓他們勇於和你講心理話，要實現這樣的「目標」，就需要父親做到以下幾點：

1. 故意示弱，給孩子機會，讓孩子幫助你。

很多父親希望在孩子面前展現完美的形象，但這未必是一件好事。當父親故意向孩子示弱，「請求」孩子幫助自己的時候，孩子的內心是亢奮的，他會為自己而感到自豪，從而增強信心。

2. 在孩子面前表露事情的原貌。

很多父親不希望讓孩子看到自己失敗的樣子，也不希望讓孩子看到事物的難度，這樣其實會讓孩子覺得所有困難的事情只有父親才能做，自己做不好。因此，父親不妨讓孩子看到真實的一面，給孩子一次鍛鍊的機會，當孩子能夠幫助到父親的時候，他們的內心是無比自豪的。

3. 故意做錯，讓孩子指正你的錯誤。

每個人都是有缺點的，在家庭中父親也不應該是完美無缺的，尤其是在孩子的心目中，父親是可以有缺點的。如果父親故意展現自己的缺點，引導孩子去指正，能夠加強父親與孩子之間的溝通，讓孩子更加了解父親。

每個孩子都希望像父親一樣厲害，在有些孩子的心目中父親簡直就是「萬能」的。還是那句話，這並非是一件好事。因為當父親的形象過於高大的時候，孩子便不敢主動與父親進行交流，甚至會排斥與父親溝通，這對父子、父女之間感情的深化是沒有好處的。

一位教育學家說過：「與孩子最好的溝通是建立在相互平視的基礎上，而不是讓孩子仰視父母。」當孩子一味地仰視父母時，他們的內心其實是膽怯的、無助的，他們不敢主動與父親進行溝通，更不敢主動將自己的心事表露給你。因此，父親不妨在恰當的時候向孩子示一下弱，讓孩子幫助自己，給他們「俯視」自己的機會。

爸爸帶小孩方法解讀

父親都希望在孩子心目中建立完美高大的形象，於是很多父親總是想盡辦法去幫助孩子解決問題，讓孩子意識到父親是多麼「厲害」。然而，當孩子總是仰視父親的時候，他們的內心可能會更加無助和自卑。他們無法獲得成就感，卻又無時無刻不在成就父親的成就感，這也成為孩子拒絕與父親深入溝通的重要原因之一。

保持沉默，給孩子選擇的機會

你的孩子是否嘗試過自己做決定？相信很多父親的答案都是否定的，因為在家裡，孩子年齡是最小的，閱歷也是最淺的，因此很多父親不允許孩子有自己做選擇的機會，他們認為大人幫孩子做就可以了，畢竟都是為了孩子好。但是，父親的這種包攬選擇權的做法會減少很多與孩子溝通的機會，甚至還會讓孩子產生拒絕溝通的心理。有些時候即便父親與孩子進行了溝通，父親也不會尊重他們的選擇，久而久之孩子便不再與父親主動溝通了。

選擇的過程，其實是鍛鍊孩子思考的過程。當孩子需要做抉擇的時候，他們的大腦在高速地運轉，從而做出一個對他們來講正確的選擇。雖然有時候他們選擇的結果並不是父母所期望的，但一定是孩子自己經過幾番思索後想展現的真實想法。因此，還給孩子選擇權就是在促進他們主動進行大腦訓練，這對孩子今後的學習是有好處的。

所有人都希望掌控自己的選擇權，孩子也不例外。當孩子獲得了屬於自己的選擇權的時候，他們能夠感受到來自父親的尊重，自然從內心深處願意與父親進行溝通交流。在任何一個家庭中，孩子只有感受到自己存在的價值，才願意說出自己所想，才願意對父母展現自己真實的內心世界。

爸爸帶小孩案例

學校要開運動會了，丹妮報名參加了100公尺短跑比賽，但是回到家丹妮發現自己的鞋子都不適合跑步穿，她希望能夠買一雙新鞋子，可是媽媽沒在家，她只好請求爸爸陪自己去商場購買。

父親很痛快地答應了，到了賣鞋的地方，父親對丹妮說：「你可以自己選一雙鞋子。」

聽了父親的話丹妮很開心，因為之前她和媽媽一起出去買東西，媽媽從來不讓她自己挑選。丹妮指著一雙粉色的運動鞋，對父親說她喜歡這雙。

父親看了看丹妮手指的鞋子，然後對丹妮說：「粉色的是漂亮，但是它特別不耐髒，你參加完運動會，鞋子就會被弄髒的。我覺得過不了多久，你就不喜歡它了。」

說完之後，父親走到一雙灰色的鞋子旁邊，指著那雙鞋子對丹妮說道：「這雙鞋子不錯，顏色也耐髒，媽媽也不用每天給你刷鞋子。」

父親示意店員，將灰色鞋子拿下來給丹妮試穿，丹妮很不情願地試著那雙鞋子，父親看了看丹妮說道：「這雙鞋子看著很不錯呀！」

「爸爸，我還是喜歡那雙粉色的，我想買粉色的。」丹妮堅持自己的選擇。「我覺得灰色的更適合你參加比賽穿。」父親說完，轉身對銷售員說道，「幫我拿一雙新的。」

丹妮很生氣，大聲說道：「說好的讓我自己做選擇呢！」

即便丹妮很生氣，但是最終還是無法改變父親的決定，她拿著那雙灰色的鞋子，無奈地回了家。

一開始父親讓丹妮按照自己的意願做選擇，她以為可以自己做決定買一雙喜歡的鞋子，但是父親卻言而無信，強勢推翻丹妮之前的選擇，幫她挑選了一雙她並不喜歡的鞋子。

想必在生活中，很多父親都有意無意地會做這樣的事情，這樣做會有什麼結果呢？結果就是孩子對父親越來越不信任，從而不願意與父親溝通，在孩子青春期時，他們會一改往日的「聽話」模樣，變得十分叛逆，還有一些孩子會變得沒有主見，十分懦弱，逃避責任，面對所有事情都選擇逃避。

爸爸帶小孩妙招

爸爸在陪伴孩子的過程中，不應該剝奪孩子的選擇權。剝奪了孩子的選擇權，其實相當於剝奪了孩子的言論自由，久而久之，孩子自然不願意主動與父親進行溝通。當然，在給予孩子選擇權的時候，父親要做到以下幾點：

1. 不干涉孩子的選擇。

既然父親答應了讓孩子自己做選擇，那麼就不要再去干涉孩子。即便孩子的選擇是錯誤的，父親也要尊重孩子的選擇。父親可以保持對結果的沉默，讓孩子感受選擇帶來的影響，讓他們為自己的選擇承擔相應的責任，這有助於今後孩子做出相對正確的選擇。

2. 保持沉默，不指手畫腳。

有些父親答應了讓孩子自己去做選擇，但是卻管不住自己的嘴，總是在孩子耳邊嘮叨，從而影響孩子的判斷。既然父親已經放手讓孩子自己選擇，不妨時刻提醒自己保持沉默、尊重孩子，最好整個過程中都不要參與。

3. 與孩子交流選擇的技巧。

雖然父親不能影響孩子的選擇，但是在孩子做出選擇之前，父親可以傳授他們一些選擇的技巧。這樣做不是為了讓孩子遵從你的意願進行抉擇，而是為了讓選擇的結果更能符合他們的心願，畢竟很多孩子在選擇之後會出現後悔的情況。當一個人沒有了選擇權，也就意味著這個人沒有了自由。父親在教育孩子的過程中，不能剝奪孩子的選擇權，適當讓他們自己做選擇，這不但能夠提升孩子的思考能力，還能夠增加親子之間溝通的機會。

爸爸帶小孩方法解讀

在很多家庭中，父親希望掌控一切，因此父親經常會在不與孩子商量的情況下，包攬所有大小事情的決定權。久而久之，孩子便會習慣沉默不語，甚至拒絕與任何人進行交流，畢竟交流後的結果也不會如自己所願。父親不妨把主動選擇權交還給孩子，讓孩子感受到你的尊重，讓他們自己決定自己的人生。

問題探究，分享彼此心得

當孩子出現問題的時候，父親應該怎麼做呢？一位網友說：「每次孩子犯錯，我都在和妻子商量如何處理這件事情。」其實在孩子出現問題的時候，家長最應該做的就是與孩子一起探討，然後和孩子一起研究如何處理，這樣不僅能夠增強親子之間的溝通，還能找出更適合解決孩子問題的方法。

恐怕世界上所有的父親都希望能夠了解自己的孩子，了解孩子的所有行為，從而找到避免孩子犯錯的教育方式，然而在這個過程中，如果沒有與孩子敞開心扉溝通，讓孩子體會到問題的嚴重性，恐怕他們也不能深刻意識到自己的錯誤。所以，與孩子一起交流對某件事情的感悟和心得是十分有必要的。

最能加深親子感情的方式之一，便是與孩子一起解決問題。當孩子與父親一起完成了某件事情之後，孩子是十分喜悅的，甚至是興奮的，這不僅能讓孩子擁有成就感，更能讓他們感受到和父親在一起的時光是輕鬆快樂的。

爸爸帶小孩案例

一位父親坐在茶桌前喝茶，似乎有什麼心事。原來最近他的兒子學習成績出現了倒退的情況，老師將其叫到了學校談話，回來後他的心情很不好。此時，兒子正在沙發上玩玩具，父親喝了一口茶後，對孩子說道：「兒子，爸爸想和你商量一件事情。」兒子邊玩邊問父親是什麼事情，父親繼續說道：「以後爸爸每天到家後要學習，這段時間內你不能發出聲音，不然會影響爸爸學習的。」兒子點點頭後繼續玩。父親接著說：「你一定不能影響爸爸。」

「您要學什麼？」兒子終於好奇地問道。

「我要學小學三年級的知識。」父親說道，他的兒子正好上三年級。

「我都上三年級了，您都這麼大了，為什麼也要學這些？」兒子看了看他，問道。

「你們現在學的很多東西爸爸都不會，正好你也上三年級了，我們可以一起學。」父親提議道。

「您肯定比我學得好，您是大人。」兒子說道。

「那也不一定，爸爸年紀大，很多知識都忘記了，記性也不好。」父親說道。

「好吧，正好您可以陪我一起學習。」就這樣，每天晚上這位父親都陪孩子一起學三年級的知識，遇到難題時兩個人就一起探討，當父親做對某道題之後，還會與兒子分享成功的心得；當孩子做對某道題時，父親也會向他請教。三個月之後，兒子的成績竟然名列前茅。

不得不說，這位父親是聰明的，他在遇到孩子學習成績差的問題時，沒有急著去教訓和指責孩子，而是先想辦法，再與孩子一起解決。之後在與孩子一起學習的過程中，他也能夠與孩子一起探討，共同進步，這種方式不但帶動了孩子主動學習，更加深了父子的感情。

爸爸帶小孩妙招

爸爸在教育孩子的過程中，需要站在平等的位置上對待孩子，尤其是與孩子交流的過程中，一定要給孩子話語權，尊重孩子。具體做法可以參考以下幾點：

1. 與孩子商量需要去做的事情。

很多事情並不是孩子願意做的，很多父親會直截了當地要求孩子，「去寫作業」、「去盥洗睡覺」等。大部分父親習慣了採用命令的口吻，要求孩子去做自己不喜歡做的事情，雖然孩子按照你的要求去做了，但是內心也是無比不情願的。因此，父親可以採取與孩子商量的方式，比如「你可不可以先寫作業，寫完作業我陪你一起玩」、「你能不能先去盥洗，洗完了我給你講故事，你可以聽著故事睡覺」等。用商量的口吻和孩子溝通，他們會更願意接受自己原本不情願去做的事情。

2. 與孩子分享有趣的事情。

父親要善於和孩子分享，有些父親不擅長與孩子分享快樂，認為孩子不懂得大人的快樂，對大人的事情不感興趣，其實不然。當你與孩子分享快樂的時候，你會發現他們願意走進你的世界，與此同時，孩子也願意將自己的事情分享給你，願意讓你進入他們的世界。

3. 聆聽孩子分享的事情。

其實孩子是希望將自己的所見所聞、喜怒哀樂通通和父親分享的，他們希望父親能即刻理解自己的心情、認可自己的想法。在孩子分享自己心事的時候，父親一定要認真聆聽，讓孩子感覺到你是十分在乎這件事情的，只有這樣孩子才會願意長久地與你分享他的喜怒哀樂。如果父親總是表現出反對，或者不耐煩的態度，那麼孩子自然不願意與你多交流。

與孩子交流是一門學問，作為父親不僅要意識到孩子存在的問題，更要善於讓孩子意識到自身的問題，這個過程就需要父親採用合理的方式與孩子進行溝通。切記這種溝通方式是建立在平等基礎之上的，同時，雙方必須都具有話語權，這樣才可以實現父親對親子溝通的構想。與孩子商量問題所在，並相互分享心得，這不但能讓他們得到成長，對父親來講也能得到成長。

爸爸帶小孩方法解讀

溝通本身就不是一個人的事情。與孩子溝通，更要注重互動。與孩子進行互動性的溝通，最重要的方式就是商量，商量如何做事情、如何去解決問題，這樣的方式會讓孩子擁有存在感和價值感。當然，父親除了積極與孩子分享自己的事情，讓他們進入到自己的世界裡，還要引導孩子分享他們的內心想法，以這種方式全面了解他們的內心世界。

第五章　參與之愛：

透過互動讓孩子感受父親的支持

參與法：有爸爸的親子運動會

孩子上學以後，學校為了提升學生的體能，會經常舉辦一些運動會，偶爾也會需要父母參與。一些父親以工作忙為藉口，很少參加親子活動，他們認為有其他家庭成員參加就可以了，殊不知這項看似沒什麼意義的活動是多麼的重要。

父親參與這項親子運動，會給孩子帶來極大的認同感，讓他們感受到父愛、感受到快樂。從父親的角色定位來講，父親應該是孩子的良師益友，「玩」是孩子的天性，他們會在玩耍的過程中更容易產生成就感和滿足感，從而獲得更多的情感體驗。作為父親應該放得下架子，和孩子玩在一起、樂在一起，透過親子運動會的形式，讓父親與孩子「瘋」到一起，從而讓父親走進孩子的世界。這樣不僅能調動起孩子參加集體活動的積極性，更有助於父親與孩子建立親密和諧的親子關係。

教育學家阿莫納什維利說過：「父親在家裡應當是有權威的人，他的威信越高，孩子對自己要求越嚴，孩子需要父親，父親應該是善良的、愉快的人，孩子小的時候，父親要常常忘記自己是大人，像調皮的孩子和孩子一起玩，孩子長大了，父親是孩子的知心朋友和導師，既嚴格又正直，言行一致，成為孩子的榜樣。」從這段話中我們不難發現，父親在家庭中不僅是孩子的導師，更應該是孩子的朋友，而朋友關係建立的前提就是要與孩子一起做遊戲、一起玩。

父親參加運動會從某種程度上來講，表明自己是重視孩子的，孩子能夠從中感受到來自父親的重視和尊重。當然，在運動會上，父親需要與孩子進行交流溝通，了解參加運動會的整個過程，在參加完之後還要與孩子聊聊這次運動會的所見所聞和汲取到的經驗教訓，以及暢想下次參加運動會的情景。這種其樂融融的畫面，難道不是每位父親所期望的嗎？

在父親與孩子一起參加活動時，孩子能夠從父親身上學到很多東西，比如，如何做到快速奔跑、如何將鉛球扔得更遠、如何與隊友合作，等等，這些技巧的學習對孩子今後的成長是十分有幫助的，玩的過程就是父親將自己的人生經驗傳遞給孩子的過程。

爸爸帶小孩案例

短影片中有這樣一幕：在學校舉辦的親子活動中，有一個舞蹈表演的節目，參加舞蹈表演的都是父女，一共十位女孩，但只到場了九位父親，其中一個女孩的父親沒有到場。這位沒有父親陪伴的女孩一直用羨慕的眼神看著其他父女。

過了一會，她的父親終於來了，女孩興奮地跑向父親，抱著父親，這個時候女孩開始擦眼淚。父親問女孩為什麼要哭？

女孩說道：「我以為您不來參加了，別人的爸爸都來了。」

聽了女兒的話，這位父親連忙道歉，說道：「對不起，寶貝，路上塞車，爸爸來晚了。」

在接下來的舞蹈表演中，這個小女孩表演得十分認真，跳舞動作比平時還要標準。在舞蹈表演結束之後，女孩露出了開心的笑臉，並喋喋不休地向父親訴說著一些事情。

從父親到達表演場地，女孩的每一個表情都能表現出她對父親的期待。在整段影片中，我們看到這位父親似乎並沒有做什麼特殊的事情，但我們和女孩卻都感受到了深深的父愛。

爸爸帶小孩妙招

在與孩子一起參加運動會或者活動時，父子或父女之間表現出其樂融融的和諧感情，如同甘露一樣滋潤著孩子的心田。在玩耍的過程中，父親不再是那個高高在上、威嚴的存在，而是自己的「夥伴」。那麼，父親和孩子一起參加親子活動，究竟有哪些好處呢？

1. 父親是活力的體現。

在親子運動會上，很多項目都是以遊戲的形式出現的，但也需要一定的耐力和活力，尤其是在跑、爬、跳等方面，父親的優勢十分明顯，因此，參加活動時父親會表現得十分有活力，孩子在父親的陪伴下能夠玩得更愉快和興奮。透過這些遊戲，能讓孩子感受到父親的活力和積極性。

2. 父親是陽光的體現。

在親子活動中，陽光是永恆的主題，而父親是對「陽光」最好的詮釋。有了父親的加入，孩子會感到無比興奮，同時也能夠體現出自己積極向上、活力四射的一面。孩子在父親的陪伴下，能夠充滿安全感，同時孩子會在父親的鼓勵下變得更加自信和堅強。父親加入到親子活動中，能夠培養孩子積極向上、陽光樂觀的性格。

3. 父親是自信的體現。

在親子運動會上，有很多刺激的競爭行為，孩子對成功也有渴望，每個孩子都希望自己能夠得第一名。顯然，父親的參與能夠提升孩子的自信心，因為在他們的心目中，自己的父親都擁有「超能力」。

父親對孩子一生的影響力是巨大的。一位合格的父親需要做到的就是讓孩子感受到父愛的溫暖、父愛的力量感。與孩子一起參加戶外活動或親子運動，不僅能讓父親感受到親子間的溫馨，更有助於加強親子之間的溝通，讓父親更加了解孩子，在日常生活中孩子也會理解父親。父愛的滋養是孩子一輩子的鎧甲。

爸爸帶小孩方法解讀

有的父親總是抱怨孩子不理解自己，而孩子也總是抱怨父親不能體諒自己，這只能說明親子之間共同完成目標的機會太少。在親子運動會上，父子、父女之間是有共同目標的，而面對共同的目標，父親與孩子會同心協力，變得相互理解和體諒，從而達成共同目標。這樣不但能夠加強親子之間的溝通，還能培養孩子的團隊合作能力，因此，親子運動會無論是對父親，還是對孩子來講，都是一項很有意義的活動。

反挫法：同孩子一起克服困境

作為父親，總是希望將最好的留給孩子，不管是在物質上，還是在精神上。父親的行為無非都是希望孩子能夠健康成長，希望孩子擁有一個美好的未來。當然，每個人的教育理念不同，很多父親希望自己的孩子能夠在困難面前堅持不懈，但是極少數父親會意識到，孩子遇到困境的時候，也是了解孩子的最佳時機。

很多父親認為，孩子遇到困難的時候，應該讓他們自己去解決問題，這看似沒有什麼錯，但對孩子來講，有些困難是他們自己根本沒辦法解決的。因為年齡關係，他們的心理還不夠成熟，心智發育還不完善，這就會導致孩子在一些困難面前不知所措，找不到合適的方法去解決困難，從而喪失信心。這個過程對孩子來講是痛苦的，也是殘忍的。

這些父親打著鍛鍊孩子意志力的旗號，希望他們能夠解決自己遇到的所有問題，一旦孩子不能解決，這些父親便開始指責、教訓、教育他們，似乎孩子不能解決這些困難就是錯誤的、無能的、失敗的。父親不妨反過來想一想，作為成年人也會有遇到困難無從下手的時候。因此，在父親發現孩子無法處理某些事情的時候，應該站出來想辦法與孩子一起克服困難，這個過程是必要的。在這個過程中，父親不要擔心孩子會養成依賴的心理，透過努力仍然無法解決的問題，肯定是需要別人幫助解決的，之後再遇到類似的情況，他們才能知道如何應對。

爸爸帶小孩案例

美國最高法院大法官約翰・羅伯茲（John Roberts），他在自己孩子的畢業典禮上這樣說道：

「我希望你們在失敗的時候，會得到對手的嘲笑，希望你們能夠感受到孤獨，希望你們被人無視，希望你們能夠感受到痛楚，希望你們沒有足夠的運氣。」

他為什麼會這樣想呢？因為他認為孩子應該經歷挫折，只有孩子經歷了挫折，他們才能明白公平的價值。而另一位父親也是這樣做的，但是卻造成了孩子的困擾。彼得是一位10歲男孩的父親，兒子回到家，身上沾滿了汙漬，頭髮上也是泥土。彼得很驚訝，便詢問發生了什麼事情。兒子說道：「我的籃球被一夥大孩子搶走了，我和他們打起來了。」

聽了兒子的話，他並沒有緊張，因為他覺得這件事情需要兒子自己解決。「那籃球拿回來了嗎？」他問道。

兒子看了一眼彼得，生氣地說道：「沒有。」

「你應該想想別的辦法，將自己的籃球搶回來。」彼得說道。

「但是我只有一個人，他們有四個人。」兒子解釋道。

兒子似乎在希望彼得幫助自己做些什麼，但是彼得沒有再說什麼。第二天，兒子回到家，不但身上全是泥土，臉上也多了幾塊淤青。很顯然兒子又和別人打架了，彼得想肯定是兒子想要拿回籃球，但是對方不給。

「實在不行，你就別要了，等你過生日時我再給你買一個新籃球。」彼得說道，因為他覺得這並不是什麼重要的東西。

「不行，那是我的籃球。」兒子生氣地說道。

「您為什麼不能幫幫我，他們人多，我根本搶不回來。」兒子抱怨道。

彼得卻依然在看手機，他似乎沒有意識到兒子的情緒發生了變化，也沒有感受到兒子的無助。

不得不說，彼得這樣做會造成孩子的心理陰影，因為他總是在忽視孩子面臨的困境，認為孩子可以自己解決問題。當孩子解決不了時，他也不會幫助孩子從正面解決問題。

爸爸帶小孩妙招

父親要鍛鍊孩子解決問題的能力無可厚非，但是總會有些問題是孩子解決不了的，這個時候就需要父親伸出援助之手，與孩子一同面對困難和挫折，幫助孩子走出困境。這個時候父親需要注意哪些方面呢？

1. 解決問題過程中，站在孩子的角度看待問題。

一些父親會認為孩子面對的困難看起來很容易解決，這是因為父親沒有站在孩子的角度去思考，而是站在了自己的角度看問題。可能站在成人的角度看待孩子的問題，是極其容易解決的，然而我們站在孩子的角度看這些問題可能就會覺得非常棘手，是他們力所不能及的。只有站在孩子的角度去看問題、理解孩子，才能夠解決問題。

2. 與孩子一起克服苦難，多聽聽孩子的意見。

「這件事你做不了，你按照我這樣做就行。」一位父親說道。原來他在幫孩子完成手工作業，兒子做不好手工燈籠，他提議幫孩子做，並不希望孩子插手。

既然是孩子遇到的困難，在解決的過程中，我們一定要多聽聽孩子的意見，只有這樣才能讓孩子更願意去嘗試用多種方法解決問題。有些父親在與孩子一起解決問題的過程中總是一意孤行，根本不問孩子的建議或意見，這不利於親子關係的和諧。

3. 不去指責孩子，父親要成為指引。

即便是幫助孩子解決問題，父親也要明白自己在整個過程中充當的只是指路牌的角色，而解決問題的主角還是孩子。這點父親必須要掌控好，否則孩子會認為如果遇到困難，自己可以逃避，解決是父親的事情。在困難面前，父親要與孩子多溝通，讓他們能夠積極主動去尋找解決的辦法。

聰明的爸爸會發現，在孩子遇到解決不了的問題時，也是增進親子感情的最佳時機。因為在這個時候，孩子會希望爸爸能夠幫助自己。如果一個孩子在遇到困難之後，不敢去求助於父親，父親自然就沒有了解孩子、與孩子深入交流的機會。

爸爸帶小孩方法解讀

與孩子一起面對挫折是十分有必要的。在與孩子一起解決問題的過程中，父親不僅能夠了解到孩子對知識的掌握程度，還能了解孩子的性格發展和心理變化。與孩子建立和諧親密的親子關係，需要父親在各種細微小事中投入更多的精力，與孩子一起面對挫折，能讓他們感受到父親是自己的強大後盾，能增進孩子對父親的信任感，從而增進雙方的感情。

興趣法：打造親子共同的興趣項目

在當今社會，每個孩子都是家長手心裡的寶。讓孩子吃得好、穿得好，這自然不必多說，很多父母還希望孩子擁有自己的興趣愛好，讓孩子對世界有更多的認知和體驗，這看似沒有錯，對孩子來說也是好的，或許孩子還能夠在實現自己興趣愛好的同時，尋找到知音或朋友。如果父親想成為孩子的知音或朋友，就需要培養與孩子相同的興趣愛好，只有這樣孩子才能更願意與你分享。

要培養與孩子共有的興趣愛好，就需要父親花費一定的時間和精力去了解孩子。有的父親總是以工作忙或沒時間為理由，很少陪伴孩子，可想而知，很少陪伴孩子的父親又怎麼能知道孩子的興趣愛好是什麼呢？

父親可以在日常生活中，深度發掘孩子的興趣愛好，切記不要盲目跟風，不要給孩子壓力，要尊重他們的喜好，然後了解相關內容，繼而建立和孩子相同的興趣愛好。在有了相同的興趣愛好之後，共同語言就多了，也就更能了解孩子遇到事情時真實的想法，孩子也更能體諒父親的良苦用心。像朋友一樣相處，不管是父親還是孩子都會輕鬆很多。

爸爸帶小孩案例

小李發現女兒上四年級之後，就很少和自己交流了。每次問她什麼，她也是有一句沒一句地進行回答，小李想可能是自己陪伴孩子的時間太少了。

這天，他看到女兒正在畫畫，便走過去問女兒畫的是什麼，女兒沒回答。他看到女兒畫了一間小房子，還畫了一棵大樹。小李坐在孩子面前，看著她畫畫。之後女兒開始跟小李講述自己為什麼要畫房子，為什麼要畫一棵沒有果實的大樹。

小李發現談論到畫畫的時候女兒會很開心，也很主動和自己分享。於是，小李決定自己也學習畫畫，他利用業餘時間在網路上報了一個線上的繪畫培訓課程。女兒發現父親也在學畫畫，非常感興趣，便跟著父親一起聽課，兩個人沒事就一起探討關於畫畫的知識和技巧。

漸漸地，小李發現女兒和自己的交流越來越多，他也越來越理解女兒的一些想法。他了解到女兒喜歡畫畫，並且希望長大後成為一名畫家，小李覺得女兒的想法很好，他向女兒表達了自己的支持。

如果父親希望與孩子交流得更多，更了解自己的孩子，不妨與孩子建立共同的興趣愛好，成為孩子的好朋友，而不是高高在上的「父親大人」。

爸爸帶小孩妙招

爸爸不缺席孩子的成長，會讓孩子感覺到無比的幸福。在孩子心中，他們希望父親能夠多陪伴自己，能夠了解自己，和自己成為朋友。因此，父親不妨從與孩子建立共同的興趣愛好入手，從而促進相互交流和了解。

1. 所建立的共同愛好應是正面的，對孩子的成長有幫助的。

有些父親喜歡看手機，孩子也喜歡看手機，於是兩個人一起看手機、打遊戲。我們不能說偶爾放鬆娛樂一下是錯的，但是這對孩子的成長恐怕沒有太大的益處。

一位記者採訪一位小學生，小學生說：「我最開心的事情就是和爸爸一起做有意義的事情。」

記者很好奇，問做什麼有意義的事情，小男孩說道：「就是和父親一起讀書，我們家有一間書房。在書房裡，父親會和我一起讀書，他會把自己的手機放在其他房間裡，我覺得每天的這段時間是我最期待的。」

堅持閱讀可以使人拓寬眼界、思想得到提升，可以使生活更加充實、豐富，相對來說也是容易做到的。我們與孩子建立共同的愛好時要明確，這些愛好一定應是對孩子的成長有幫助的。

2. 尊重孩子的選擇，打造親子共同感興趣的項目。

有些爸爸以自己的想法為出發點，逼迫孩子對某項活動產生興趣。比如，父親想讓孩子提高體能，就要求孩子去學習跆拳道，而他們本身對跆拳道不感興趣，只是父親覺得孩子需要學習，或者父親自己感興趣，於是便逼迫孩子去學，他認為這就是建立雙方共同感興趣的娛樂項目。要知道，興趣愛好並不是逼出來的，父親一定要站在孩子的角度，尊重孩子的興趣愛好，只有這樣才能贏得孩子的好感和尊重。

爸爸帶小孩方法解讀

透過與孩子建立共同的興趣愛好，從而加強彼此之間的溝通與了解，讓孩子感受到來自父親的愛與溫暖。爸爸與孩子建立共同的興趣項目是為了多一些陪伴孩子的機會，多一些與孩子交流的機會，而不是為了左右他們的興趣，讓他們遵從你的思想，這是所有父親都應該注意的。

聯結法：用誠實去聯結孩子的情緒

在生活中，如果每個人都能誠實地表達自己的情緒和需求，那麼人與人之間的摩擦會減少很多，和孩子溝通時也是如此。父母在與孩子進行溝通的時候，孩子可能會不發表意見，甚至拒絕和父母交流。之所以會出現這種情況，很可能是因為父母在與孩子曾經的溝通中失去了誠信。

「爸爸說不允許我吃燒烤，但是他自己卻可以吃。我問為什麼我不能吃，他說因為我是小孩。還有一次，爸爸說週末帶我去遊樂場玩，但是週末也沒有去，我問為什麼不帶我去，他說他當時只是隨便說說。」一個男孩抱怨道。

「隨便說說」可能會讓孩子對你失去信任，甚至會拒絕與你進行溝通。父親與孩子交流，起碼應該做到誠實守信。只有足夠誠實，才能讓孩子願意與你進行交流，你才能了解孩子的情緒變化。當孩子能夠誠實地表達自己的情感和意願時，父親才能真正了解孩子，避免與他們產生誤會。

爸爸帶小孩案例

下午放學，爸爸帶著琪琪去樓下踢足球，琪琪還約了幾個小朋友，大家興高采烈地開始一起玩。突然琪琪不小心摔倒了，因為剛下過雨的關係，琪琪的衣服被弄得又溼又髒。他開始發脾氣，於是將足球扔到水坑裡，哭了起來。

爸爸看到這一幕十分生氣，指責琪琪為什麼會不小心摔倒，將衣服弄髒不說，還發脾氣。琪琪十分不開心。

晚上，爸爸問琪琪為什麼下午摔倒了要哭和發脾氣。

琪琪依然不開心，說道：「我的衣服溼了，很難受，您在一邊只顧著玩手機，也不幫幫我。您不是說過嗎？在我踢球的時候不玩手機，會全神貫注地看我踢球。」

聽了兒子的話，爸爸無言以對，因為他的確說過這樣的話。相信這是很多父親會犯的錯，他們認為自己說了但做不到根本沒有什麼影響，殊不知這對孩子的成長是十分不利的，甚至會使得孩子產生負面情緒。

爸爸帶小孩妙招

在生活中，父親要與孩子坦誠相待，要讓孩子學會誠實地面對自己的情緒。

那麼，父親究竟要如何去做呢？

1. 父親要誠實地對待孩子。

當孩子產生負面情緒的時候，父親首先要反省自己，是不是之前說過什麼沒有做到，可以耐心真誠地詢問孩子，找到問題所在才能解決問題。父親說話一定要謹慎，對於自己說過的話，要做到君子一言，駟馬難追，不要輕易許諾，不要覺得都是小事，是能夠彌補的，只有這樣孩子才能對父親產生信任感，願意與父親分享心事。

2. 引導孩子誠實地表達自己的心情。

很多孩子不希望將自己的懦弱或者是膽怯表露出來，比如，當孩子害怕參加一些運動時，他們可能會表現得十分緊張，而當父親問他們為什麼緊張時，他們可能不願意表露，從而拒絕回答父親的問題，甚至會編造一些其他的原因來搪塞父親。面對孩子的這種不誠實表達情感的情況，作為父親一定要坦誠相待，給予孩子正確的引導，讓孩子對父親產生足夠的信任，從而願意表露自己真實的心情和情緒。

每個孩子都是家庭的希望，父親都希望孩子能夠生活在正面的情緒下，不被負面情緒影響，甚至沉浸在負面情緒中。父親與孩子的溝通要建立在誠信的基礎之上，只有這樣，今後孩子在遇到困難或者困惑時，才願意將自己負面的情緒告知你，你才有機會幫助孩子化解負面情緒，從而讓孩子開心快樂地長大。

爸爸帶小孩方法解讀

爸爸的形象往往是威嚴的，正是因為如此，導致很多孩子不願意將自己的心事告知父親，甚至不願意與父親溝通。而父親想要了解孩子，就需要讓他們學會誠實地表達自己的內心所想，這就需要父親在溝通的過程中與孩子建立相互信任的關係，一定要避免失信的情況發生。失信的情況發生的次數多了，後果將不堪設想，親子關係修復將難上加難。

角色互換法：了解孩子的日常任務

角色互換，說得簡單一些就是讓孩子嘗試扮演父親的角色，父親嘗試扮演孩子的角色。這樣做能夠讓彼此更了解對方一些。

一位心理學家曾經說過：「你不是別人，所以你不知道別人的痛苦。」的確，父親總是站在成人的角度去看待孩子，他們不會理解做一道題怎麼可能需要花費一個小時的時間，一篇作文怎麼會那麼難寫出來。如果父親站在孩子的角度進行思考便會理解孩子，這道題有些超前，確實有難度；看完作文的題目確實毫無思路可言，因為自己根本沒有經歷過。如果一個父親真正理解孩子，便能夠從孩子的角度思考問題，幫助孩子解決問題，從而走進孩子的內心，獲得孩子的認可。

父親在與孩子互換角色相處的過程中，會意識到：如果我是孩子，會希望父親怎麼去做？孩子都希望自己的父親是充滿愛心、耐心，講道理的。所以，父親在與孩子溝通的時候，一定要拋棄「天下無不是的父母」的觀點，平等對待孩子，透過角色互換更加理解孩子，只有這樣他們才願意與你談自己的心事，才願意接受你的建議和要求。

爸爸帶小孩案例

綜藝節目中，主持人宣布了遊戲規則：父親要按照孩子的日常生活習慣來做事情，而孩子要擔起父親的責任，這樣的行為要堅持兩天的時間。於是，觀眾看到了這樣的情景：孩子每天早起送父親去公司上班，然後再自己去上學，放學之後要去接父親下班，回到家之後，孩子要打掃環境、做飯、洗衣服，而父親要做的就是飯後繼續去工作。到了週末，父親可以賴床不起，而孩子需要起床做飯，然後擦地，緊接著飯後孩子要洗碗。

兩天的期限到了，主持人採訪孩子有何感受，孩子說道：「父親真的很辛苦。」在場的所有嘉賓都笑了。

緊接著主持人去採訪這位當了兩天「孩子」的父親，他說道：「不能玩手機、不能看電視，下班回來繼續工作，的確十分枯燥。」

一時之間，孩子體會到了父親的辛苦，父親體會到了學習的枯燥，兩個人開始能夠相互理解，接下來兩個人的關係會更加融洽。孩子學習再也不用父親逼迫，而父親回家後也會盡量多陪伴孩子，少玩手機。

暑假裡，六年級的小傑體驗當一天的家長後，分享自己體會時說道：「早上，我看到爸爸媽媽在睡覺，便叫他們起床，他們沒有反應，於是我只能再次叫他們起床。他們迷迷糊糊地從美夢中醒了，嘴裡還不停地責備我聲音太大將他們吵醒了。

緊接著我又為父母做早飯，我煮了湯圓。父親生氣地說他不喜歡吃湯圓，於是我又幫父親煮了一顆雞蛋，父親吃了但說沒吃飽，之後我又開始洗全家的髒衣服……就這樣忙碌了一天，到了晚上我累得一下子趴在了床上。我感覺父母真是不好當，每天要做很多事情，比起學習來一點也不輕鬆。之前我上學的時候就總賴床，父親一遍又一遍地喊我起床，我起來之後還抱怨。吃飯的時候，看到自己不愛吃的我會很生氣，這個時候我會要求父親重新給我做。我現在意識到了，自己的這些行為都太不應該了。」

小傑透過角色扮演了解到父母的不容易，在以後的生活中，他肯定會體諒父母的艱辛，從而做好自己的事情。

爸爸帶小孩妙招

在一些家庭中，父親很少給孩子機會去了解自己。他們認為只要孩子能夠做好自己的事情就夠了，孩子了解大人並不是重要的事情。其實不然，只有讓孩子體驗到父親的艱辛，他們才能更珍惜當下的生活。那麼，在家庭中做「角色互換」的遊戲，究竟要注意哪些問題呢？

1. 明確角色互換的目的。

在父親與孩子進行角色互換前，一定要明確互換角色的目的是什麼。是為了讓孩子了解父親的辛苦，還是為了讓孩子更加理解父親，從而願意與父親溝通？只有明確了角色互換的目的，才能夠實現角色互換的意義，否則是沒有任何意義的。

2. 角色互換之後，要及時與孩子進行溝通。

角色互換並不是目的，而是一種形式。作為父親要及時與孩子進行溝通，探討孩子在角色互換中的感受和心得。如果孩子產生了負面的感受，可以藉此機會給孩子進行深入的分析和解釋。

角色互換是一個可以充分了解彼此的好方法，不僅能夠讓孩子更加了解父親，還能夠培養孩子的同理心，很多時候只有孩子體驗了這個角色才能有所感悟。在生活中，父親也可以用這樣的方式來了解孩子的世界，體會他們的感受。

爸爸帶小孩方法解讀

親子互動的方法有很多種，進行角色互換對父母和孩子來講是相對簡單、直接、有效的方式。這樣做不僅能夠增進親子關係，還能讓孩子感受到父愛的偉大。當然，在角色互換中，父親不要一味地強調事情的困難性，而是要鼓勵孩子多去嘗試，讓他們多體會、多感悟，只有這樣才能真正實現角色互換的目的。

第六章　接納之心：
包容孩子的不完美，接受差異

包容孩子「小過」，不做「火藥」爸爸

俗話說得好，「七八歲的孩子，狗都嫌棄」，這個年齡層的孩子精力旺盛，求知欲極強，有時候會上竄下跳，嘰嘰喳喳的，甚至各種頂嘴。有的孩子喜歡嚇唬人，把別人惹哭才滿意地離開，犯了錯還嬉皮笑臉，毫不知錯；要不就是犯了錯，嬉笑一陣，一溜煙跑了，逃避問題。作為爸爸，管教孩子時哪裡受得了這般情景出現，幾個回合下來，氣得腦門充血，一不小心就成了一點就著的「火藥」。

孩子從來都是「天使」，只是間歇性地會變成「惡魔」，有時候天使與惡魔也就是一瞬間的事情。其實他們純淨的心靈從來沒變過，變成「惡魔」也是大人的定義。如果你視孩子為「天使」，那孩子就是天使；如果你視孩子為「惡魔」，那他就是惡魔。所以，不要輕易給孩子貼標籤，面對孩子發生的一些非原則性問題和失誤，我們要學會視而不見，忽視問題。面對一些原則性的問題，我們首先要控制住自己的情緒，如果孩子有需求，再陪孩子一起面對、解決問題，不要做一點就著的「火藥」爸爸，因為除了「響」一下，根本解決不了任何問題。孩子會有樣學樣，今後再遇到問題，他們可能從你身上學到的也是遇事就爆炸，不去想解決問題的辦法。

爸爸帶小孩案例

我朋友是位職場爸爸，經常出差談客戶，只有週末才有時間陪孩子，他8歲的兒子很開朗，活潑好動。朋友聚會時，這位爸爸只要聊到兒子便會打開話匣子，情緒像是被點燃了一樣，總會不停地吐槽兒子。

前些天，孩子把他們家收藏十餘年的青花瓷打碎了，朋友很心痛，一下就發火了，直接破口大罵：「一點事都不懂，走路不知道小心點嗎？！你還不如不放假，怎麼沒摔著你啊？！」妻子實在聽不下去了就勸了兩句，沒想到這位爸爸直接說：「孩子也是我親生的，我罵他就是關心他，是為了他好！」

有一回，他們去親戚家玩。他的女兒坐在電腦桌前看著鍵盤，覺得很好玩，便在抽屜裡找到了一支筆，開始用筆畫鍵盤……結果親戚用溼抹布怎麼也擦不掉……親戚笑著看了一眼女孩，沒想到女孩嚎啕大哭起來，爸爸在旁邊勸了很久。這個時候在一旁看熱鬧的哥哥出現，扮演怪獸，惹得妹妹哭得更凶了，男孩還引以為傲。這位父親氣急了，拉著孩子打了幾下。爸爸管孩子最大的問題就是控制不好自己的情緒，我們經常會看到一位通情達理的爸爸被孩子點燃情緒失控。其實整個育兒的過程就像打遊戲一樣，一路更新打怪獸，掌握了通關方法便能輕鬆過關，否則直接被KO，還有可能被惹出狂躁症。

大部分孩子都不是故意犯錯的，因為他們年紀小，對後果不能做出準確的判斷，還有一些孩子由於天性特別調皮，容易將家長惹毛，但「打罵」孩子往往是解決不了問題的。面對家長的「打罵」，調皮的孩子通常會以硬治硬，一點也不害怕，反而會越來越調皮，遇到問題越來越不想跟父親溝通，長此以往，父親根本不知道孩子想的是什麼，更別提管教了。面對「小惡魔」式的孩子應使用合理的方式解決，最好是簡單、效果又出乎意料好的辦法。

爸爸帶小孩妙招

孩子從來都不是大人的附屬品，他們有自己的性格和脾氣。隨著孩子年齡的成長，家長們越來越煩惱：他們不再是那個言聽計從的小傢伙了，越說他們越和你唱反調。孩子破壞玩具、書，浪費食物，等等，與物質損失相比，爸爸更應該在乎的是孩子為什麼會這樣做，他們做這件事的時候心裡在想什麼，我們要採取正向的方式去接納孩子的「過錯」，適當引導孩子改正錯誤，而不是做個一點就著的「火藥」。

1. 爸爸應該學會放手，要捨得讓孩子犯錯。

小時候老師經常說：孩子是在犯錯中成長起來的。有些路需要孩子自己走才能深有體會，父母是無法代替孩子體會和成長的。那些錯誤都將變成孩子珍貴的成長機會，雖然他們「大錯不犯，小錯不斷」，但能夠在每次犯錯之後收穫經驗和教訓，那麼孩子犯錯也不是壞事。透過犯錯，孩子知道怎麼做是對的，怎麼做會導致可怕的後果，由此獲得了犯錯的「免疫力」。

如果爸爸事事都幫孩子去做，讓孩子沒有犯錯的機會，這不是愛孩子而是寵溺孩子，這是家庭教育最大的悲哀。

爸爸可以嘗試讓孩子經歷犯錯的過程，看看孩子究竟能收穫什麼:摔了碗筷，孩子才能學會如何拿好碗筷;摸到熱水壺燙，孩子才知道躲開熱水壺；在斜坡上跌倒，孩子下次才會懂得更加小心翼翼地走路；在外面被欺負後，孩子才能學會如何更好地應對，比如及時尋求幫助；粗心弄丟了東西，孩子能學會如何更好地保管自己的物品；沒按時完成作業被責罵，孩子才會意識到一時的偷懶會讓自己丟臉⋯⋯「犯錯」是孩子的成長必修課，只有修煉完一定的課時，他們才能獲得舉一反三、自我反思、自我完善的能力。

2. 孩子惹爸爸生氣的時候，
爸爸應該先控制好脾氣，再去與孩子交流。

孩子犯錯之後，爸爸不應該讓孩子受到自己情緒的影響，即使很生氣，我們也要學會深呼吸，讓情緒穩定下來，再找孩子進行溝通。爸爸帶著情緒教育孩子是沒有一點效果的，更別提處理問題了。

3. 理性區別孩子的「有意犯錯」和「無意犯錯」。

很多時候熊孩子的破壞只是因為「好奇」而試探或自我鍛鍊。例如，男孩在家拆掉手錶、拆掉冰箱門等，這種情況是他們對事物產生了強烈的好奇心，並沒有考慮後果。爸爸其實可以帶著孩子和錶一起到鐘錶鋪去，讓孩子在旁邊看修錶匠如何修理。這下修錶鋪成了學校，修錶匠成了老師，孩子成了學生，修理費成了學費，孩子的好奇心也可以得到滿足。總之，區別有意犯錯和無意犯錯非常重要，我們要讓孩子的好奇心不斷地向正確的方向發展，這樣孩子的探索精神才能夠繼續發揚。

4. 讓孩子承擔失誤造成的後果。

不管是有意的還是無意的，只要產生了實質性的結果，那些錯誤帶來的影響就是避免不了的，這個時候我們要堅定溫和地去執行規矩，爸爸要做的就是溫和地告訴孩子，他應該承擔自己失誤所造成的後果，記住那些失去的「痛」，他才會懂得珍惜，從而讓孩子實現自我成長。

爸爸帶小孩方法解讀

「火藥」爸爸切勿碰到「小過」就氣急敗壞地訓斥孩子，因為孩子會調動所有情緒用來害怕和牴觸，而不是平靜地反思。這樣非但不利於糾正錯誤，孩子還有可能產生反抗心理，而將無意之過演變為有意為之。作為父母，我們要保持溫和的情緒，靜下心換位思考，將「過錯」區別分類，曉之以理、動之以情，做到真正用心聆聽孩子的心聲，從根本上幫助他們解決問題、修正錯誤，這樣事情就能夠順利地解決了。

逆向思考，孩子的缺點未必沒有益處

人都是有優點和缺點的，孩子當然也不例外。人無完人是自然法則。就單從孩子的缺點來說，每位家長都很了解自己家孩子有什麼缺點，家長們聚在一起的時候，很多話題都圍繞孩子，聊自己家孩子缺點的也很多。我們都想從其他人那裡取點經，希望能幫助自家孩子克服缺點。

我們在此談論的缺點是廣義上的，先天、後天共同作用下孩子某些相對不如他人的地方，涵蓋孩子的各個方面，比如外貌、性格、能力、智商、行為等。爸爸帶小孩過程中不必產生過多的壓力，正常面對孩子的缺點即可。

爸爸帶小孩案例

上帝是公平的，給你部分優點，總會再給你一些缺點，只有這樣才能構成一個真實的人。完美只是相對的，不是絕對的。站在逆向思考角度去看孩子，能給你帶來意外的驚喜。每個孩子的弱點都不一樣，比如，孩子經常會有注意力不集中、吃飯慢、頑皮、懶惰、不講衛生、愛撒謊、多動、貪吃、貪玩、貪睡、自私、拖延、無自制力、膽小、驕傲自大、亂花錢、不尊重父母、愛哭鬧、愛打架、挑食、浪費糧食、沒禮貌等缺點。

淘淘是家裡的老大，由於兩年前家裡添了一位新成員 ——

淘淘的弟弟，可能爸爸有些忽視淘淘了。淘淘就經常做一些惹人注意的事，只為引起爸爸的注意。男孩天生愛動，淘淘不停地在爸爸和弟弟面前翻找自己的玩具，其實找來找去，他自己也不知道要找什麼。這時爸爸問道：「淘淘，你再這樣房間就由你來收拾。」

沒想到淘淘特別生氣，還頂起嘴來：「爸爸，我的筆不見了，就是弟弟弄丟的，應該由弟弟來收拾房間。」爸爸一看淘淘這樣就生氣，除了要管好小的，大的還總添亂，他越想越生氣，捲起袖子就想打罵孩子。淘淘頑皮，還愛爭搶，學習時注意力不集中，不分場合哭鬧，真是讓爸爸操碎了心。媽媽看著淘淘和爸爸大眼瞪小眼，便提出了解決方案。媽媽跟淘淘說：「淘淘，你下樓把弟弟的腳踏車拆了再裝起來，媽媽就不用你收拾了。」淘淘眼球轉了轉，自己很早就想拆了那輛腳踏車了，就是爸爸媽媽不讓，這回不僅能讓我拆，還讓我裝上呢。能拆就能裝，應該不難。這樣就可以不用收拾房間了，真不錯！

腦子轉了一圈後，淘淘同意了媽媽的提議，跑到樓下拆腳踏車了。時間過去了2個小時，爸爸和媽媽把弟弟安頓好，房間也收拾得差不多了，爸爸想著都這麼長時間了，看看淘淘在做什麼吧。

爸爸跑到樓下一看，淘淘一臉的油汙，車輪已經被拆下來了，正在往上裝。可淘淘年齡太小，怎麼也裝不上去，爸爸看到他這樣，已經笑得不行了。這回是真的捲起袖子了，他拿起輪胎開始教孩子，可淘淘還沉浸在剛剛產生的情緒當中呢。這回爸爸說：「你做得不錯啊，其他的都裝上去了呀！」孩子一聽爸爸誇他了，可開心了，開始問：「爸，你說這輪胎該怎麼裝呢？」爸爸開始慢條斯理地告訴淘淘怎麼裝車輪。

腳踏車終於裝好了，淘淘非常開心，神采飛揚地抓住爸爸的手臂。爸爸也非常開心，孩子不再和他鬧脾氣，而是在一起討論起腳踏車的機械原理，這個結果太令人驚喜了。爸爸將孩子最大的缺點變成最強的優勢，看似不足之處，但這會意外地變成了天賦。

淘淘媽媽的逆向思考教育法讓爸爸悟性大開，他從來沒想到孩子會有這樣驚人的表現。現實生活中，家長總是抱怨自己孩子渾身都是毛病：脾氣不好、膽小害羞、不夠獨立、拖拉磨蹭、沒有禮貌等，但孩子的問題來源99%都跟家長有關係。

爸爸帶小孩妙招

己所不欲，勿施於人。站在自己的立場上解決問題是正向思考，而站在對方的立場上解決問題就是逆向思考。我們要善於利用逆向思考解決教養中遇到的難題。

1. 孩子的注意力不夠集中，穩定性較差，自制力差。

注意力是孩子進行學習的前提和基礎，培養小朋友的注意力非常重要。七、八歲的孩子總是坐不住，注意力特別容易分散。這一階段孩子的大腦神經系統呈現出興奮度高、抑制力差、無意注意（inadvertent notice）占絕對優勢等特點。孩子年齡越小，自主控制注意力的時間就越短。所以家長們並不用過度擔心，孩子注意力的集中程度會隨著年齡的成長而提高。

2. 孩子好勝心重，經常打架。

小朋友在成長的過程中，經常會有和小夥伴交流和玩耍的情況，孩子之間由於爭奪玩具或其他的原因發生爭吵也是常有的事。這時，無論爸爸多忙，都要先放下手裡正在做的事情，來到孩子的身邊，弄清楚孩子爭吵的原因，無論孩子是否有錯，都不要大聲訓斥孩子，盡量避免傷害孩子的自尊心。爸爸可以送孩子去學習力量型和對抗型的體育運動，例如跆拳道、籃球、羽毛球等。在團隊中可以讓孩子任職，賦予其責任感，他們的保護欲會非常強，孩子會將這部分的好勝轉移到運動中和團隊責任上。

3. 孩子任性，不守規矩。

當孩子發脾氣亂扔東西，或不遵守規矩時，爸爸也可以仿效孩子的行為，丟掉孩子一些不重要的個人物品，如果孩子撿起自己扔的東西放回原處，爸爸也跟著撿起自己丟的東西放回原處。在孩子任性的時候，爸爸比他還任性，孩子自然而然會把自己放在主角的位置，教育「不聽話」的爸爸。這個方法非常有趣，有心的爸爸可以嘗試一下。

4. 孩子有暴力傾向，愛撒謊。

如果孩子在家經常摔砸東西，我們可以設立一個角落，專門在懲罰他們的時候啟用，並且在這個角落裡，放上桌子和椅子。當孩子在摔砸家中東西的時候，爸爸可以讓孩子坐在椅子上，給他們準備一本有趣的書或是平時他喜歡的東西，讓孩子能夠分散注意力。也可以使用逆向思考法，把孩子心愛的東西假裝摔落，一般情況下孩子是非常不願意自己的東西被破壞的，這時候曉之以理，動之以情地去跟他講，是否感受到了自己的東西被摔之後的心情，引起他的共情，並設立規矩，如果你再摔砸，那麼你心愛的物品也會消失。樹立共同平等、互相尊重的權威感。

爸爸眼中孩子的弱點，大多都是孩子成長中的正常現象。我們要用發展性的眼光看待孩子，發現他們的缺點時，保持平和心態幫助他改正即可，不必為此焦慮驚慌。另外，還有很重要的一點是：接納孩子的不完美。發現孩子缺點的時候，爸爸也可以想一想，在他們的身上是不是也看到了自己的影子？

孩子和家長一樣，有弱點很正常，沒有人一出生就是個天才，還有更重要的一點是，他是你親生的。接納孩子的弱點，耐心溫和地幫助他改正，讓他成為更好的人是你的責任。

爸爸帶小孩方法解讀

在帶小孩過程中，主要是讓孩子感受到來自父母的信任。現實生活中，對於大多數父母來講，雖然相信自己的孩子，可是他們的掌控欲太強，而且毫不掩飾，時時流露出對孩子的不放心，以至於讓孩子誤解為爸爸媽媽不相信他。如果孩子覺得父母相信他，那麼他們也就會對父母說真話了。為了獲得孩子的信任，我們和孩子交談的時候態度要真誠，不要流露出不信任的神情；孩子談論某件事的時候，即使我們不相信，也要認真聽完，然後找到合適的機會和確鑿的證據揭開真相。最終，我們把問題歸結到孩子的認知能力上，孩子就不會覺得我們不信任他了。

讚賞和激勵是促使孩子進步的最有效的方法。每個孩子都希望得到家長和老師的重視。而讚賞其優點和成績，正是滿足了孩子的這種心理，使他們的心中產生榮譽感和自信。

善於觀察，孩子自帶亮點

每個孩子都有自己的優點，比如，有的孩子外向，會說話、愛表現，有的孩子內向，沉穩、思考問題縝密。性格是孩子天生的，並沒有好壞之分。如果孩子某方面比別人差了一點，很可能在其他方面會比別人強。我們應該細心觀察，善於發現孩子身上的亮點。

在現實生活中，很多爸爸希望自己的孩子自帶光芒，但卻覺得始終找不到這些優點，他們只看到別人家孩子光芒耀眼，回到家看自己的孩子，覺得渾身都是缺點，怎麼看都不順眼，事事不如別人家的孩子。

作為爸爸，要善於發現孩子的優點，並能夠把這些優點放大看。面對孩子很小的進步，也要及時提出來進行表揚，提高孩子自信心與興趣。爸爸應鼓勵孩子把優點繼續發揚下去，引導孩子把缺點變成優點，鼓勵孩子發掘出自身的潛力，幫助孩子打好走向成功的基礎。

爸爸帶小孩案例

每個孩子都是「天使」，是獨一無二的個體，就看你能不能去發現他們的優點。爸爸要善於引導並支持他們感興趣的愛好，要知道分數並不是孩子人生中最重要的事情。

朋友家有女初長成，小名明月，還有2個月就滿8歲了，雖然個子小，但是脾氣卻火暴。隨著孩子一天天長大，爸爸突然發現了她性格中的問題，例如她的任性，無理取鬧，偶爾還會和爸爸頂嘴，脾氣越來越倔，這些都讓爸爸忍無可忍。爸爸既生氣又著急，但是在心裡又不停地安慰自己孩子還小，等長大點懂事了就好了。其實孩子在這個階段處於敏感期，他們的諸多行為都是為了引起大人的注意，所以也就不難理解孩子為什麼脾氣不好了。

一天，爸爸照常下班回家，一進門就看到孩子在玩積木，不得不說，孩子對積木天生就充滿喜愛。明月正在全神貫注地拼裝積木，爸爸心裡想，原來孩子的注意力可以如此的集中，她也是有安靜的時候的，並不像我平時看到的那樣冒失、大剌刺。此時，爸爸很欣慰自己發現了女兒認真做事的一面。

其實每個孩子身上都有亮點，關鍵就看你能不能發掘出來並鼓勵他們了。孩子就是我們的一面鏡子，在他們的成長過程中會經歷很多事情，這些都需要我們的參與，我們有責任和義務去協助他們解決問題。陪孩子一路闖關打怪，我們自己也能夠成長，這難道不是一種雙贏嗎？

爸爸帶小孩妙招

請一定要相信我們的孩子，放平自己的心態、學會放手，我們可以及時關注孩子在探索過程中的安全性，並且提醒孩子。做到以下幾點可以事半功倍：

1. 要學會尊重孩子。

接納孩子正面、正確、陽光的一面，也要接納孩子負面、錯誤、調皮的一面，無條件接納孩子，孩子才能對爸爸敞開心扉，爸爸才能走進孩子的世界，才能更好地引導孩子。例如，活潑可愛外向型的孩子可能更喜歡快節奏高強度的打擊樂，而性格沉穩內向的孩子可能更喜歡慢節奏的音樂。我們不能盲目主觀地認為孩子不喜歡音樂，也不能要求他們喜歡我們喜歡聽的音樂。

2. 要學會平等對待孩子。

平等體現在價值、尊嚴、人格等方面。現實中，有很多關係不平等，例如，收入造成的不平等關係、職業造成的不平等關係，等等。面對這些不平等關係，我們是否在內心中感受到一絲難過與無奈？可想而知，當孩子遇到這種不平等待遇的時候，心裡有怎樣的感受。

作為父母要平等地對待孩子，不要總說自己的孩子不如別人家的孩子好。試想一下，我們的孩子有沒有嫌棄我們不如別人的父母好呢？他們怎麼沒有說別人的父母是教授、老闆、大官？我們更不要總是以分數為標準來評價孩子的好壞。要知道，再優秀的孩子也有缺點，再差的孩子也有優點。所有的孩子都是國家的棟梁，不要過早地放棄。

3. 要學會保護孩子的隱私和自尊。

對於孩子暫時不願透露的隱私，我們不要強迫孩子說出來，如果他們自己告訴了我們，我們要替他們保密，不要在公共場所談論孩子的是是非非，更不能當著其他同學的面戳孩子的痛處。孩子不想回答的隱私問題，千萬不要強行逼問他，要循循善誘，慢慢地打開孩子的心扉，要讓孩子覺得你是足夠安全、足夠可靠、值得他們傾訴的人。

4. 作為父母，要適當袒露年少時的尷尬。

我們年輕的時候也曾困惑、難過、迷茫，這些也都可以讓孩子知道。告訴他們我們能夠感同身受，從而使他們獲取到成長的力量。孩子會說：「哦，爸爸媽媽原來當年跟我一樣犯過錯，和我有同樣的經歷啊！沒什麼大不了的。」

養育孩子，需要我們秉持十年樹木，百年樹人的心態，不急功近利，接納孩子的全部，無條件相信他們，相信自己的孩子是閃閃發光的存在。

爸爸帶小孩方法解讀

爸爸要細心觀察，善於發現孩子的優點，孩子的優點有很多，例如，樂於分享、懂事、善良、孝順、領導力強、人緣好、堅持讀書、想法多、動手能力強、畫畫寫字很好……當你發現孩子的一個個優點時，也會與孩子的心貼得更近，溝通更暢快，你能及時了解孩子內心真實的想法，第一時間參與孩子的成長。

我們之所以不會欣賞自己的孩子，就是因為結果導向的想法太根深蒂固了，我們認為結果只有一個，而且是最後才產生的，以它作為依據不僅狹隘而且滯後。每個孩子都有自己的優點，家長可以慢慢去發掘孩子的長處，我們要表揚孩子的優點，幫助孩子改正缺點，讓他們成為一個自信且內心強大的人。

保持童心，別誤解孩子的善心

兒童心理學家說過：「孩子的善心是稚嫩的，你在乎它，它就會長大；你忽視它，它就會枯萎；你打擊它，它就會死去。」所以，如果你想擁有一個富有善心的孩子，那就請你在生活中珍惜他、發現他、培育他。可在現實生活中，很多孩子的善心都被家長誤解過。

當孩子犯錯的時候，有多少家長願意去探尋事情的真相呢？洗掉孩子身上的汙泥容易，撫平孩子內心的創傷卻很難。家長往往只有一味地責怪或是教訓，有的孩子會如實告知家長事情的真相，但有的孩子不會，因為他們擔心受到更多的責備，所以選擇緘口不言。

一位作家曾經寫過這樣的一段話：「作為父母要像愛護眼睛一樣愛護孩子的天真。童心是人性最真實的鏡子。有了童心，才能敞開胸懷接受；有了童心，才能滿懷興趣探索；有了童心，才能袒露內心世界；有了童心，才能有孩子的健康成長。沒有童心的童年，很難有幸福的成年。」作為孩子的守護者，我們呵護孩子的同時更要小心保護孩子的童心。

爸爸帶小孩案例

善良是人世間最寶貴的東西，善良的人就像金子般閃閃發光。爸爸應該從小就教導孩子「勿以善小而不為，勿以惡小而為之」的道理。剛讀二年級的鵬鵬是個調皮的男孩，他在班裡經常不是揪女生的辮子，就是在操場上追跑打鬧，上課遲到。鵬鵬的爸爸也因此經常被班導叫到學校去談話，育兒經驗不足的父親被鵬鵬弄得哭笑不得，但又不能打、不能罵，只能一把鼻涕一把眼淚地摸著自己的胸口嘆氣。

一天爸爸按放學時間去接孩子回家，可是遲遲不見鵬鵬走出校門。這時鵬鵬的同班同學跑出來說：「鵬鵬爸您快去看看吧，鵬鵬弄了一身泥。」鵬鵬爸爸一聽腦門充血，直接衝進學校找鵬鵬，最終找到了他。

爸爸一把拉過孩子，嚴厲喝斥道：「你是怎麼回事？天天貪玩！回家罰站去！」鵬鵬也不說話，只顧低著頭。

爸爸推搡著孩子走出操場。班導迎面而來。鵬鵬爸正準備接受老師指責，他低下頭正要賠禮道歉，老師微笑著說道：「鵬鵬這次表現得很棒，值得表揚。」爸爸丈二和尚摸不著頭緒，一臉納悶兒的表情。老師又說道：「孩子為了幫助學校老師搬花盆把衣服弄髒了，回家後別責備孩子，得表揚他。」原來鵬鵬下了課，看到學校王老師搬花盆摔倒了，他二話不說，跑過去扶起王老師，然後扔下書包，幫王老師把二十五盆花依次搬進了學校的禮堂。

父親聽到這，眼眶突然溼了，心裡一陣莫名的驕傲與自責感。他摸著孩子的頭，讚賞地看著孩子，一句話也說不出來。

此刻很暖心，很讓人印象深刻，也值得反思。老師簡單的幾句話深深地刺痛了鵬鵬爸爸的心，這是個多麼大的誤解啊！設想一下如果是你，當你的孩子滿身汙泥回到家裡的時候，你的第一反應是什麼？當時的鵬鵬絲毫沒有考慮到自己會被爸爸責罰，老師問鵬鵬：「你這樣回去會不會被爸爸誤會？」鵬鵬說：「不會的，我誠實地告訴爸爸就可以了。」看吧，孩子的想法就是這麼簡單。

若是我們曾妥善保管孩子的情緒，曾用最大的耐心與愛意接納孩子，他們也能學會將這份善意傳遞給有需求的人。善良從來都不需要刻意地去傳授，更不需要用語言表達或者用懲戒孩子來實現，只需要你溫柔地對待生活，慢慢地，孩子也會潛移默化地和你一樣，你們都會被生活溫柔以待。

爸爸帶小孩妙招

孩子與成人的最大區別就是他們不會表演、沒有面具，這樣天真善良的孩子，爸爸當然要以童心來待之。不難發現，擁有童心的人能把生活過得豐富有趣，不管他們年齡或大或小，總能對世界充滿好奇心，不會在乎其他人的眼光。只要能夠時刻保持一顆童心，收穫的便是一種閱盡千帆後的豁達。那麼，如何做一個富有童心的爸爸，去發現孩子「隱藏」的善心呢？

1. 換位思考，尊重孩子，一起勇於為夢想努力。

孩子的小腦袋瓜裡總是有很多有趣的想法，有時候他們隨機的一個想法都會讓你拍手叫好。他們的奇思妙想和創造力是彌足珍貴的。孩子對一切都充滿了好奇與幻想，他們對事物充滿執著和認真，這就是孩子的人生態度。爸爸不僅要理解孩子的奇思妙想，同時還可以和他們一起規劃夢想。只有敢於擁有夢想，才能激發出我們潛在的巨大能量，戰勝自我。

2. 理解孩子，同時保護好他們的好奇心。

當孩子展現出調皮搗蛋的一面時，爸爸會生氣和苦惱，殊不知其實在孩子的內心深處藏著一顆好奇、善良、有趣的心，我們應該小心翼翼地呵護，而不是去埋怨、誤解他們。爸爸和孩子之間的誤會加深，互相不理解，你不問我不答，缺乏溝通，親子之間的距離也會越來越遠，孩子會越來越封閉自己的內心，不願意向爸爸傾訴。

愛因斯坦曾因「好奇心」而點燃了一次宇宙的大爆炸，班傑明·富蘭克林在好奇心的驅使下，研究電學、發明避雷針，如果他們沒有好奇心，可能我們到現在為止還沒有電燈、電話、電視機、電鍋、冰箱、冷氣、電腦……

3. 爸爸也要保持童心，學會與孩子同步。

我們曾經都是個孩子，隨著歲月流逝日漸成熟穩重，但骨子裡其實還有一份童真存在，我們始終擁有一顆童心，對世界充滿好奇。時間長了你會發現，原來你也嚮往孩子眼裡的世界，於是就能理解孩子那顆純淨的心了。

孩子總是與快樂相伴，即使一時傷心難過，但馬上能因為一句笑話、一個鬼臉破涕為笑。孩子的世界純真有趣。在孩子心中沒有比樂趣更有吸引力的了，他們總是善於發現事物有趣的一面，即使是微不足道的小事，他們也能發現快樂。

爸爸帶小孩方法解讀

對於成年人來講，有些時候成熟不是為了他人，而是為了保護自己。正因為如此，成年人善於表演，又有很多種面具。無論是對人還是對事，我們都會盡可能地去了解更多的資訊，然後分析並進行判斷後再著手處理，無論結果如何，過程至少是很完整的。而孩子面對人和事情的時候不是這樣的，他們單純可愛，童真無邪，所以當他們做錯事情的時候，我們先不要站在自己的角度上分析問題，而是要坦誠和孩子溝通，讓他們敞開心扉，千萬不要誤解孩子的善心。

孩子打架，爸爸別急著出手

每個父母都希望自己的孩子能夠健康快樂地成長，不想讓孩子受一丁點委屈，但是小朋友的成長道路不可能是一帆風順的，小打小鬧不可避免。在打架這個問題上，帶小孩的爸爸必須做到要用正確的方式去引導孩子的行為，掌握好處理問題的分寸，讓孩子形成正確的認知。

根據歐洲權威心理學家的理論，人類的攻擊行為是帶情緒的，有時表現為憤怒，比如，我不想跟你講話，甚至鄙視你，這種一聽對方說話就知道對方在攻擊你或者要攻擊你，因為他在語言上表達得很清楚。我們利用逆向思考假想一下，打架其實能培養孩子的同理心，因為雙方被打，彼此都體會到了痛。由自己的痛就會想到對方一定也很痛，從而產生同理心，並且逐漸意識到，透過暴力是什麼問題也解決不了的。

爸爸帶小孩案例

美國電影《美國狙擊手》（*American Sniper*）中的男主角在小的時候，他的弟弟被人欺負了，他毫不客氣地選擇了打回去。當時他的父親對他說了一段話，令我至今難忘。他說：「世界上的人可分為三類，羊、狼和牧羊犬。有些人認為邪惡是不存在的，當邪惡降臨時，他們不懂得保護自己，這些人屬於羊；然後，掠食者出現了，他們使用暴力、掠奪弱者，這些人是狼；還有一類人，他們擁有強大的攻擊力和保護羊群的天性，他們是稀有的能和狼對抗的人，這類人是牧羊犬。首先我們家不需要羊，如果你變成狼，我會揍扁你。我希望你們是牧羊犬，你們需要保護自己。如果有人要打你或者欺負你的弟弟，我允許你盡全力去解決它！」

我們其實可以從中學到很多東西，爸爸帶小孩要了解到，衝突是孩子在和其他孩子交往中學會協調、解決問題的必要條件。孩子就是透過不斷解決衝突，逐漸學會怎樣堅持獨立的見解，學會怎麼樣競爭、怎麼樣協調，學會適度地表現自己，培養忍耐能力，從而不斷提高自我社交能力，以及自我保護能力的。

當然，並不是說要鼓勵孩子去打架，君子動口不動手，我們必須跟孩子強調要講道理，要學會好好表達。但是孩子的成長是一個漫長的過程，只有孩子經歷過了，真正明白了其中的利害關係，他們才能更好地約束自己、控制自己的情緒。如果孩子沒有習慣性的暴力傾向，偶爾在日常的生活中和別人出現衝突，行為性質並不惡劣的情況下，爸爸不應該過多地干涉，而是要讓孩子自己去解決，這樣有利於提高孩子的自我保護能力和社會交往能力。

爸爸帶小孩妙招

每個爸爸都不希望自己的孩子和其他人打架，但這件事如果真的發生了，我們要冷靜下來，理智地去處理，而不是自己也跟著生氣，我們的目的應該是讓孩子學會怎樣保護自己、怎樣去解決問題。那麼當自己的孩子打架時，爸爸應該怎麼做呢？

1. 爸爸切記，不要第一時間干涉。

孩子在與別人交往的過程中打架，這可能是他在群體交往中協調、解決衝突的必要條件，也是孩子人際交往的必經之路。如果打架情況發生在孩子與他人的正常交往中，並且只是小打小鬧，沒有過多不安全的因素存在的話，那麼爸爸不要第一時間過多地干涉。

2. 超過安全範圍的嚴重衝突，爸爸應先制止。

孩子解決不了衝突，急著向爸爸求助的時候，切記不要不分青紅皂白，就打罵自己的孩子或者指責別人家的孩子，這對於培養孩子正確的是非觀，是非常不利的。正確的方式應該是先了解事情的整個經過，了解問題的根源，如果問題出在自己孩子的身上，應該加以教育；問題出在別人的身上，可以找對方的家長進行溝通解決，切記不可使用暴力解決問題。

3. 朋友之間衝突放一邊，安撫先行。

心理學專家說，解決衝突的首要做法一定是「先處理情緒，再處理問題」。打架發生了，無論過錯在哪方，此時的孩子都需要爸爸在第一時間安撫他們的情緒。事發當時，哪怕只有一方家長在場，也應該考慮所有孩子的心情，先把兩個孩子都安撫好，使他們的心緒平靜，為下一步更好地梳理情緒和事件留下空間。尊重孩子，是給孩子展現人與人之間社交關係的第一步。

4. 爸爸需要引導孩子表達情緒。

在負面情緒發生的時候，閱讀是很好的排解方式之一。尤其是兒童繪本，裡面的內容形象易懂，常常會很有代入感，孩子很願意接受並模仿。在故事中，孩子能隨著書裡的內容，盡情地宣洩自己心中的恐懼，無論是害怕黑夜、害怕媽媽不在，還是害怕其他小夥伴嘲笑自己。我們需要透過故事讓孩子了解自己的情緒，接納自己的情緒，這是管理情緒非常重要的環節。很多時候正是因為「不接納」，才導致孩子情緒積壓的。

爸爸帶小孩方法解讀

打架屬於衝突事件，孩子年紀小，在未來的成長道路上，還會面對更多的衝突，孩子是否能夠承受和完美地解決衝突，關鍵就是看小時候面對衝突時父母是如何引導他們解決的。孩子在面對衝突後，會慢慢地找到與人相處的方式，建立適合自己的社交模式。

第七章　鼓勵為先：

好話暖人心，讓孩子讀懂你的愛

沉默是愛，善於對孩子表達更是愛

亞洲的教育往往被稱為「沉默式的教育」，因為很多父母都不善於表達自己的情感，還有很多時候即使表達了，也因為和子女頻率對不上，從而造成相互不理解。

每個父親都愛自己的孩子，為了孩子都可以在所不惜。但是爸爸們，你們會向孩子表達愛嗎？你們會經常擁抱孩子，並親吻他們的臉頰嗎？你們會經常對孩子說「孩子，我很愛你」嗎？為什麼我們明明深愛孩子，卻總被孩子誤解？在表達愛的方式上，我們究竟做錯了什麼？

在愛的表達上，父母還需要更直接簡單一些，因為孩子的感知能力很強，但理解能力卻不如成年人。當父母做出一個行為，也許孩子並不能理解這個行為是愛他們的表現。所以這就出現了父母深愛自己的孩子，可是孩子卻不認為這是愛，而認為是一種不認可和束縛。那麼，為什麼會出現這樣的局面呢？

爸爸帶小孩案例

張先生是一個典型的亞洲式爸爸，作為爸爸的他很少對孩子說「我愛你」。

兒子張坦在小學二年級的時候，有一次因為不小心摔斷了手臂，躺在病床上哭泣。張先生見到兒子，就用命令的口氣說：

「好了，醫生說沒事了。不要哭了。」但是這句話對兒子絲毫不發揮作用。

過了一會，孩子的媽媽來了，見兒子在哭，忙用雙手撫摸著孩子的臉蛋，輕聲說了句：「媽媽愛你，孩子，你沒事的。」兒子很快就停止了哭泣，露出了堅強的笑容。

在張坦的眼裡，爸爸是一個不苟言笑、不善言辭的人，平日裡總是一副嚴肅的表情，所以張坦很少主動和爸爸交談。上國中後，張坦經常和父親話沒說幾句就起衝突，父親總是喝斥張坦，說他不尊重長輩，這讓張坦覺得父親不愛自己，最愛自己的人是媽媽。

無論是爸爸還是媽媽，在家庭中的功能和影響力都是舉足輕重的。雖說究竟是爸爸對孩子的愛深，還是媽媽對孩子的愛深，誰也說不清，但是大部分孩子卻有幾乎一致的答案——媽媽更愛自己。

父親節那天，很少有孩子當面說出自己對父親的愛與感激，母親節當天則不一樣。據某網站調查顯示，91.5%的人從未當面對父親說過「我愛你」，這種現象並不奇怪，因為自古以來，亞洲的父親就不善於對孩子表達愛，他們喜歡沉默，覺得說「愛」是一件很難的事情。

爸爸帶小孩妙招

1. 多陪孩子，多對孩子笑，理解孩子。

年幼的孩子認為「只要爸爸天天和我在一起，給我吃好吃的、陪我玩，就是好爸爸」；大一點的孩子需要爸爸「抱我，親我，對我笑，說喜歡我，愛我」；再大一些的孩子，特別是進入青春期的孩子，希望爸爸「理解我，關心我的內心，顧及我的感受，支持我，相信我，尊重我」，這是不同階段孩子對愛的心理需求。爸爸只有多陪孩子，認真傾聽他們的心聲，才能學會理解孩子。

2. 大聲對孩子說「孩子，爸爸愛你」。

真正愛孩子就要學會向孩子表達自己的愛，大聲地對孩子說：「孩子，爸爸愛你！」孩子會感動不已的。雖然說愛的表達方式有很多種，但是最真切的、最簡單的莫過於給孩子一個擁抱，一個親吻，一句「我愛你」。這個方法適用於所有的孩子。

3. 經常對孩子表示關切。

天冷了，默默拿出厚的衣服放在孩子的床頭；天熱了，給孩子熬點綠豆湯解暑降溫；白天孩子去上學的時候，叮囑孩子注意安全；傍晚孩子放學回來，聽孩子講講學校裡有趣的事。這些細節都會溫暖孩子的內心，讓孩子從瑣事中體會到關愛。

4. 多與孩子進行情感溝通。

父親還要善於捕捉孩子情緒的變化，抓住時機與孩子進行語言和心靈的溝通。在教育孩子的過程中，父親應該多與孩子進行情感溝通，幫助他們提高情感體驗能力。

有時候情感溝通並不需要靠語言，一個關愛的眼神、一個溫暖的行為，都能讓孩子感受到父愛。比如，孩子心情不好，你可以輕輕地拍拍孩子的肩膀，把孩子攬到懷裡抱抱他，他的煩惱可能就會消除。因為父親的行為能夠讓孩子感受到自己是被理解的，父親是支持自己的。

爸爸帶小孩方法解讀

沉默並不代表「不愛」，但這絕對不是表達愛的最佳方式。愛就是打開心扉，讓它自由地流淌，讓對方看得到、聽得到、感受得到。不要讓孩子去猜你是不是愛他，而要讓他時時感受到你的心意，這就需要你把「愛」勇敢地說出來。

適當表揚，孩子更有學習的動力

每個孩子都喜歡得到表揚，如果爸爸堅持表揚和鼓勵孩子，那麼會讓孩子變得更加自信，也能夠激勵孩子，讓孩子更好地了解自己。如果爸爸總是否定孩子，那麼孩子從小在心裡就有

「我很笨，我不可能」的自我暗示，孩子的潛能發揮有可能會受到阻礙，甚至會導致孩子對學習產生厭惡的情緒，可見表揚對孩子來說多麼的重要。

爸爸在養育孩子的過程中，多鼓勵、多肯定都會讓孩子充滿自信，他們就有動力做更多爸爸媽媽都認可的事情，比如，及時完成作業、好好練鋼琴，甚至自己給自己布置一些練習。因為對於一個孩子來說被表揚意味著被認可，他的自我價值感也會提升。如果你想讓孩子擁有自主學習的能力，那麼就要多鼓勵、表揚孩子，適當的表揚能讓孩子增加學習的興趣和動力。

爸爸帶小孩案例

爸爸表揚孩子是有方法的。爸爸表揚孩子的時候不要只盯著學習一個方面，對孩子的性格習慣、勞動表現、動手能力、文體才能等都可以進行肯定。爸爸觀察得多了，自然而然也會發現孩子的優點越來越多。

爸爸表揚孩子的事情越具體，孩子就越容易在這方面做得更優秀。例如，小朋友把零用錢存起來留著買書，如果此時爸爸及時讚許：「都會存錢買書了，怎麼這麼懂事又愛學習，真為你感到驕傲！」這樣能大大提高孩子的自信心，同時也使孩子明白自己到底好在哪裡、為什麼被表揚，之後會更加愛看書學習的……表揚孩子還要講究原則和掌握分寸，不能事無鉅細全部誇獎一遍，這樣的表揚起不到什麼效果，還會讓孩子覺得父母的誇獎只是流於表面、毫無誠意，進而產生驕傲自滿的心理。小朋是家裡的獨生子，家裡人都很寵愛他，不管小朋做了什麼，都能得到爸爸、媽媽、爺爺、奶奶的稱讚。小朋學會自己穿襪子了，媽媽說：「真棒！」小朋多吃了幾口飯，奶奶誇獎道：「小朋真厲害！」時間長了，他就養成了驕傲自滿、目中無人的性格。在上學的路上，小朋跟其他小朋友有了爭執，原來是小朋跟同學說過馬路的時候是「紅燈行，綠燈停」，而同學卻說是「紅燈停，綠燈行」。沒想到小朋出手推了那個同學一下，同學就跟老師說小朋打他。

爸爸了解了這件事，回家拉著小朋坐下，平靜地說：「小朋啊，爸爸看你之前表現得大方、勇敢、懂事理，但為什麼這次沒有做到呢？」爸爸接著說，「我相信你可以做到的，因為你一直是個好孩子，我陪你一起到同學家道歉，畢竟你推人是不對的。面對衝突我們要講理，不要動手。」

孩子犯錯之後爸爸想要透過表揚讓孩子主動認錯時，要掌握好分寸，不能為了誇獎而誇獎。爸爸最後一定要指出孩子做得不好的地方，並且幫助孩子加以改正，只有這樣孩子才能獲得進步。

除了口頭表揚和物質獎勵外，爸爸還可以對孩子進行許諾表揚，許諾表揚就是承諾孩子如果哪方面做得好，就可以獲得他們想要的獎勵。

洋洋做作業喜歡拖拉，媽媽採用了各種方法都不奏效。有一天爸爸對洋洋說，如果你每天在規定的時間內做完作業，就可以獲得 1 朵小紅花，等集滿 21 朵小紅花，爸爸就獎勵一個你喜歡的玩具。第一天洋洋按時完成了作業，獲得了 1 朵小紅花。爸爸給他把小紅花貼在牆上，對他說：「洋洋表現得很好，在我們說好的時間裡寫完了作業，明天要再接再厲哦！」洋洋點點頭說：「好！」第二天洋洋又獲得了 1 朵小紅花。

第三天爸爸給他發了 2 朵小紅花，一朵用來表揚他按時完成作業，另一朵用來表揚他將好習慣保持了 3 天。

就這樣在爸爸的表揚和鼓勵下，洋洋在堅持到 15 天的時候就獲得了 21 朵小紅花，爸爸兌現自己的承諾，給洋洋買了一個他喜歡的玩具。

洋洋很開心，他拿著透過自己努力付出得來的禮物愛不釋手。接下來爸爸跟他說再堅持 21 天，還可以獲得更多的獎勵，洋洋毫不猶豫地答應了爸爸。

許諾表揚可以促使孩子改正壞習慣、養成好習慣，讓孩子對自己的行為充滿自信。爸爸要積極配合，當孩子表現好了要及時兌現承諾，不找各種藉口拖延或拒絕滿足孩子的要求。如果不兌現將會前功盡棄，孩子會感到無比失望，然後喪失繼續學習的動力。

爸爸帶小孩妙招

在教育孩子的過程中，爸爸不要認為說「我愛你」就是在對孩子表達愛意，並不全然是這樣的，這只是一種最簡單的表達方式，向孩子真誠地表達全部的愛要遵守以下五個原則：

1. 積極讚美孩子，只誇獎孩子可以改變的特質。

這是誇獎原則中最關鍵的一條，誇他們「聰明」，不如誇「努力、動腦筋了」這些可以後天獲得的特質。在情感建立的過程中，讚美、誇獎孩子是很關鍵的一步，也是能發揮很大作用的一步。往往孩子在得到誇獎之後，覺得爸爸媽媽是重視自己的，安全感也會增強，自然能夠理解父母的愛。在這個基礎上，家長只要掌握好誇獎孩子的方向，效果就會更佳，絕對能夠讓孩子進步。

2. 使用描述性語言，強調努力的過程和方向。

籠統的誇獎，孩子會搞不清楚今後努力的方向。如果家長描述具體，則能讓孩子知道哪裡做得好、哪裡做得不好、未來努力的方向是什麼，這需要爸爸很了解自己的孩子，充分了解孩子的缺點和性格，順著孩子的性格去梳理矛盾，並引導他們成為更好的自己。爸爸可以這麼說：「我喜歡你畫畫時拿筆的姿勢，很標準。」這樣孩子就知道了「原來是我握筆姿勢很正確，那我下次再畫畫時，需要保持這樣的握筆姿勢」。

3. 不要輕易誇獎太容易完成的事。

最忌諱的是家長在孩子做了一件特別平常的事後就誇獎，例如，「寶寶吃飯了，真好！」這樣普遍、高頻率的誇獎，反倒稀釋了誇獎的激勵作用，因為延遲滿足感異常重要。延遲滿足感需要技巧，爸爸累積獎勵到 5 次或 10 次後，再滿足孩子的需求，讓孩子學會享受等待的過程，而且爸爸媽媽每次給予獎勵的標準一定要統一，不能失去原則性。在這個過程中，增加誇獎次數及誇獎的級別，對孩子樹立自信心有極大的幫助。

4. 不要過度誇獎孩子本來就喜歡的事。

過度誇獎孩子本來就喜歡的事，會讓他們對自己做這件事的動機產生疑惑，「我是因為喜歡做這件事呢，還是因為想受到表揚才做這件事呢？」甚至有的孩子會因為這樣而改變自己的愛好。孩子也不傻，他們自己心裡有一桿秤，知道什麼事情需要他們透過努力完成，什麼事情是輕而易舉就能夠完成的。

5. 避免和他人對比的誇獎。

和他人對比的誇獎，就是誇獎時進行比較，特別是和孩子的同班同學，或是兄弟姐妹之間進行比較。例如，「你比哥哥完成得快，真棒！」這種看上去可能是為了激勵孩子，但其實並沒有任何效果，這樣的誇獎讓孩子的關注點集中在「超過別人、贏過別人」，而不是掌握某項技能、學習方法等。於是，他們做事情的所有動機都出於爭輸贏，也就會出現怕輸、怕失敗、好勝心過強的問題。

其實孩子在生活中的自制力並不差，只是缺少爸爸媽媽的信任和鍛鍊的機會。我們應該去嘗試引導他們記住並認真地完成老師布置的任務，多表揚、多鼓勵，孩子就會有動力和目標。

爸爸帶小孩方法解讀

爸爸的表揚是孩子獲得進步的發動機，誇獎可以讓孩子感到付出努力是有肯定和回報的。爸爸表揚時要講究方法，口頭表揚要掌握分寸，要針對具體的事情及時給予肯定，而不是泛泛而談，或事後再講。同時，物質表揚要符合孩子的心理需求，不能硬給孩子不喜歡的禮物；承諾表揚要及時兌現承諾，不要讓孩子感到失望。這樣表揚才能有實際的意義，才能帶給孩子心靈的滿足和鼓舞。

指出孩子優勢，讓孩子更自信

很多孩子自信心不夠是因為沒有體會到成就感，當他們體會到成就感，信心就會大增，當他們體會到足夠多的成就感，他們的自信心會比常人更強烈。爸爸可以鼓勵孩子去完成稍微困難一點的事情，當孩子看到自己能夠完成困難的事情時，就會收穫很大的成就感，再加上父母的讚揚和獎勵，會讓孩子更有自信。這樣能夠讓孩子清楚自己的價值，知道自己的優勢所在。

所以，爸爸的責任是找到孩子的性格優勢，細心觀察孩子，用心引導孩子，讓他們充滿自信地面對未來的生活和學習。

爸爸帶小孩案例

爸爸要知道，每個孩子都是獨特的，雖然不可能是完美的，但他們總有自己的優點。我們要懂得發現孩子的長處，充分發揮「優勢效應」的作用，幫助他們找到並成為真正的自己。

孩子的象棋是跟爸爸學的，但他總是輸，所以很快就不願意和爸爸下了。一開始還興趣濃厚，眼見要輸了，孩子推掉棋子，噘起小嘴說：「您是大人，我怎麼能贏得了您呢？」

媽媽勸慰孩子說：「輸贏不重要，只要能總結經驗教訓，你也能夠變得很厲害的。」

但是孩子就是不願意和爸爸下棋了，他說要和媽媽下，可媽媽根本不會下棋。媽媽苦思冥想，結果還是輸得很慘，這時候孩子卻很開心：「我終於贏了！」

然後他又去挑戰爺爺，經過一通廝殺居然也贏了，孩子高興得手舞足蹈！和爺爺連著下了好幾盤棋，贏多輸少。沒想到最後他竟然主動挑戰爸爸，決定再和爸爸下一盤。

爸爸說：「我還是不會讓你的哦！」兒子卻滿不在乎地說：「我和以前不一樣了！」我們可以看到兒子的整個心態變化，從不自信到自信。孩子之所以能再次挑戰爸爸，就是因為他有了贏媽媽、贏爺爺的勝利經驗，並且從中獲得了肯定，從而收穫了自信，這就是「勝利者效應」(The winner effect)。

鼓勵是一種積極的正向的自我暗示，孩子在心裡能夠認可自己：「我很厲害，我可以贏，我可以不斷成功。」

爸爸帶小孩妙招

想讓孩子擁有自信，那麼就在孩子努力克服困難的時候，不斷給予他們讚揚和鼓勵，補足孩子的成就感。成就感是每個人都需要的，孩子也不例外，甚至孩子對於成就感的需求比成年人更強烈。因為孩子的自我認知還沒有完善，他們需要從成就感中獲得對自身的認知，增加自己的驅動力，樹立自己的信心。那麼，在生活中如何有效地增加孩子的成就感呢？

1. 父母要充分賞識和肯定孩子的每一次進步。

在孩子年齡小的時候，沒有相應的能力進行自我評價，他們會非常在意父母和他人對自己的評價，所以父母要充分賞識和肯定孩子的點滴進步和成功。例如，孩子終於嘗試吃以前不願意吃的蔬菜，像這樣的小事情，爸爸也要及時進行肯定。也許這在成人眼裡是一件很平常的事情，但在孩子眼裡是需要他們鼓足勇氣才敢去嘗試的事情。當這種勇敢的嘗試獲得爸爸媽媽的肯定和誇獎時，他們的成就感就非常高，他們會更加積極主動地吃自己以前不願意吃的東西，做以前不願意做的事情，也會更自信。

2. 提供機會讓孩子體驗成功和滿足感。

爸爸可以用心地尋找機會，讓孩子享受成功的體驗，讓孩子變得越來越自信，做事情越來越主動。例如，讓孩子獨自上附近的小超市買東西、偶爾讓孩子獨自坐公車去學校等。可以讓孩子從很小的事情做起，這些小事對孩子來說要有一定難度，這樣才值得孩子挑戰，並且實現的可能性較大。此時，家長只要在旁邊引導即可，不要過分干涉。

3. 幫助孩子評估自己的能力、興趣和優勢。

我們經常說，認清自己是一件很困難的事，自己的最大敵人就是自己。只有把自己了解清楚了，才能完善自己，取得更大的進步。自我認識，就是要了解自己的優勢與缺陷。孩子也一樣，他們需要從小在大人的幫助下發掘自我，找到自我，這樣他們才能更好地掌握自己的人生。

爸爸可以透過一些小方法，幫孩子意識到自身的優勢。每個孩子與生俱來都有學習的能力，有的孩子卻總是不自信，例如，做作業磨蹭、注意力不集中等，都是孩子不自信的表現，我們可以和孩子溝通後一起想一個辦法：按照 30 分鐘為一個時間段來進行學習，並且保證做完作業後孩子可以做自己喜歡的事情。一兩個星期下來，孩子做作業的主動性會有極大的提高。同時，我們可以將孩子的優點寫下來，多次重複孩子的優點，在這個優點上不斷做疊加。

4. 讓孩子每天記錄一件自己做的好事。

爸爸可以讓孩子每天睡覺前，在本子上寫下一件自認為今天做得最好的事情，還可以在月末的時候作一個總結，讓孩子想一想「這個月都做了哪些事情」，然後讓孩子在本子上寫下對自己的評價。

爸爸可以用另外一個本子，也每天寫下一件你對孩子感到最滿意的事情，月末時把兩個本子放在一起分析，可以把總結出的優點按月分記在本子的最後一頁。這樣孩子就可以清楚意識到自己都有哪些長處，最近有了哪些進步，哪些地方應該改正了。我們把這兩個本子保存下來，當孩子遇到困難時，就讓他們翻開看看自己是如何一點點進步的，孩子就會變得對未來充滿信心了。

5. 爸爸給孩子作決定的機會。

首先爸爸要尊重孩子，把他當作家庭中平等的一員來對待，要尊重他在家庭中的地位，任何涉及孩子的事情都應該尊重或聽取孩子的意見。如果不同意孩子的決定，也要以商量的口吻表達自己的意見。例如，報什麼補習班，週末是看電影還是到遊樂園去玩，等等，盡可能在孩子力所能及的範圍內，多讓他們自己作決定，讓他們享受到長大和獨立的快樂。

6. 發揮優勢，但也要給缺點找個「屋子」裝。

優點和缺點不是絕對的，就像一片樹葉的兩面。很多時候反過來看缺點，其實也可能是優點，缺點和優點其實統稱為特點更恰當。很早的時候，孔子就提出過「因材施教」的概念，如果孩子看到自己全是缺點會很沮喪，然而人怎麼可能全是缺點，沒有優點呢？他們只是看到事情的一面而已。如果孩子生性活潑好動，總是坐不住，那就多帶孩子進行戶外運動，鍛鍊身體，這個「缺點」就變成優點了。爸爸還可以在玩籃球的時候向孩子提出問題，例如「為什麼籃球能彈那麼高」，充分調動孩子的好奇心，他們會自己努力尋找答案的。

又例如，喜歡頂嘴的孩子總喜歡家長說一句他們頂一句，反過來看，其實是因為孩子思緒敏捷、反應快；對於愛管閒事的孩子，小志工的工作一定很適合他們，心地善良就是他們的優點。爸爸應該根據孩子的性格特點，耐心地對孩子進行引導，幫助他們發掘自己的優勢，把缺點關進「小黑屋」。

成功的體驗是美好的經歷，能夠引發從生理到心理又到生理的一系列變化。都說優秀是一種習慣，其實成功也可以成為一種習慣。所以，當孩子遇到什麼事情畏縮不前時，記得輕推、給予助力，給他們創造勝利、成功的體驗吧！

爸爸帶小孩方法解讀

爸爸指出孩子的優點越多，孩子就更容易將這些優秀的特質突出，並從中獲得自信，讓自己變得越來越優秀；而當爸爸指出孩子的缺點越多，孩子就越容易身陷缺點之中無法自拔，他們覺得越是努力改變越是容易證實自己的無能和不足，從而越來越自卑、怯懦，甚至會出現自暴自棄的情況，這就是「標籤實驗」。無論指出孩子的優點，還是指出孩子的不足，都會發揮強調、強化的作用。所以，聰明的爸爸會經常指出孩子的優點，這樣孩子才會更自信。

講自己的故事，激勵孩子的內心

爸爸想要走進孩子的內心世界，並激勵孩子，其實很簡單，那就是跟孩子做朋友，把孩子當作成年人看待，給他們講講自己的故事。你可能會覺得孩子現在做的事情比較幼稚，請一定要改變這種觀念，想想當年的自己，誰還沒幼稚過？如果想要激勵孩子，我們就要先走進孩子的內心，走進孩子內心最有效的辦法就是把自己變成孩子。玩孩子喜歡玩的遊戲，讀孩子喜歡讀的繪本，跟他們聊他們喜歡、感興趣的事情，例如，說學校的事情，聊聊熱門遊戲，他們正在追的漫畫，或者是聊聊他們正在交往的朋友，等等。先和孩子相處愉快，取得孩子信任，再和他們進行朋友式的談心，孩子的心門自然會打開，我們便能找到激勵孩子的鑰匙。

爸爸帶小孩案例

爸爸在和孩子溝通時，首先要接納和了解孩子的感受，孩子才會敞開心扉願意繼續說下去，唯有這樣你才能夠慢慢走進孩子的內心。心怡是個很乖巧的女孩子，但她的膽子很小，一旦被老師責罵，或是被同學嘲笑的時候，她就會很不自信，低下頭不說話或是離開，總之採取的都是逃避的方式。這天回到家後，孩子很難過地說：「爸爸，我今天被老師罵了。」爸爸說：「你現在一定感到很難過吧？」心怡一聽這話便嚎啕大哭起來。孩子的內心一下子就被打開了。接下來心怡開始跟爸爸講述她內心的感受和事情的來龍去脈。如果爸爸說「是不是你做錯了事情，老師才罵你的？」這樣的對話就是完全不接納孩子的感受，孩子會更加生氣地反駁你，本來他們現在心裡就充滿了負面情緒，被你這麼一說，負面情緒更多了，有的孩子乾脆直接離開，不願意跟你繼續說下去。

任何時候我們都要把孩子的感受放在第一位，先處理孩子的感受和情緒，再處理事情。

只有好的感覺，才能有好的行為。爸爸聽完心怡的經歷，深深地嘆了口氣：「小怡，爸爸當年可比你還要膽小呢，老師罵我就哭……」爸爸邊說邊笑。

心怡好奇地看著爸爸，「啊，爸爸，這是真的嗎？」

「當然是真的啦，爸爸當時哭的時候，還流鼻涕呢，哈哈……」

心怡一下就笑了：「原來爸爸是個鼻涕蟲啊，哈哈……」

「後來爸爸就給自己打氣，多問老師『為什麼』，多爭取上臺表演的機會，大膽地展現自己，後來慢慢地就什麼都不怕了。以後爸爸和你一起打敗害羞這個大怪物，好嗎？」心怡點了點頭，開心地笑了。

孩子就是這麼簡單，開心了就笑，不開心了就哭。所以說大人想要了解孩子其實很簡單，只要和孩子真心換真心，便可以走進他們的內心。

爸爸帶小孩妙招

首先我們應該走進孩子的內心，再談如何激勵孩子。那麼，如何真正地走進孩子的內心世界，做到與他們心與心的交流呢？建議從以下幾個方面入手：

1. 多用正向美好的語言與孩子對話。

孩子都喜歡表現自己，爸爸要多給孩子正面的鼓勵，不要對他們的表現進行諷刺教訓、冷言冷語或視而不見，這樣孩子會更容易對你一吐真言，也會更加勇敢地表現自己。

要盡量避免用帶有負面情緒的語氣對孩子說話，因為爸爸媽媽的語氣對孩子來說是一種心理暗示，如果爸爸總用不好的語氣對孩子說話，他們的思想也會比較容易被同化。

爸爸要時刻記得，愛和鼓勵才能打開孩子的內心。

2. 切勿指責，要耐心傾聽孩子的心聲。

爸爸都比較喜歡在孩子犯錯的時候抓住機會教育他們，告訴孩子這麼做是錯的，並且讓他們保證以後不會再犯類似的錯。這種教育方式看上去好像也沒什麼錯，但是有些爸爸喜歡頻繁使用，顯得過於嘮叨，讓孩子非常排斥，這就是無效的溝通，不會有很大效果的。

孩子犯了錯，爸爸要耐心地傾聽他們內心的想法，更要做到控制自己的教訓、指責、嘮叨，聽孩子把話說完，之後再告訴他們你的真實想法，這樣的說話方式能幫助你走進孩子的內心。

3. 學會並多用換位思考法。

我們大家可能都會有所察覺，如果我們的聊天對象用「如果我是你，我也會這樣做 / 這樣想……」這樣的說話方式，你會感覺很舒服、心安，其實這是因為對方換位思考了，他們能站在你的角度上考慮問題，所以你才會有這種感覺。教育孩子時，我們也要多採用這種方式，經常站在孩子的角度上思考問題，從而更理解孩子的行為和心思。

4. 營造聆聽的氛圍。

在家庭生活中，爸爸應該用心營造聆聽的氛圍，氛圍平靜孩子才願意表達自己。所以，我們要設法讓孩子感到很舒適，訣竅就是讓這種「聆聽」氣氛一直在家裡存在。只有家庭氣氛和諧有愛，孩子才會遇見事情就想和你商量，找你談心。我們可以安排在吃晚飯的時候，也可以在飯後散步的時候和孩子聊聊天。只要在孩子遇到困難或者挫折的時候，爸爸在孩子的身邊，溫和地撫摸或摟住他，傾聽孩子的訴說，講幾句關心的話但不要太多，久而久之孩子的內心自然就會向爸爸敞開，此時的孩子會覺得自己備受重視。

5. 把自己有趣的童年與孩子分享。

當孩子犯錯的時候，我們除了換位思考、聆聽，還可以將自己童年犯過的錯，透過幽默的方式講給孩子聽。例如，把小時候爬樹偷鳥蛋、玩耍弄一身泥的事情告訴孩子，孩子會欣喜若狂，原來爸爸在小時候也經常犯錯，也這麼淘氣呀，原來嚴肅的爸爸其實也和我一樣呢！

爸爸可以把自己篩選過的經歷告訴孩子，最好是有教育意義的，或是有價值、正面的，甚至有點負面但有教育意義的也可以。爸爸把經歷幽默地說出來，可以直接告訴孩子爸爸曾經那樣做是好還是不好，也可以引導孩子去分析爸爸當初的做法是對還是錯。這樣孩子就可以從爸爸的經歷中汲取教訓，之後面對類似的事情時，他們就會有自己的看法和觀點，其實這也是親子間相互交流學習的過程。

爸爸帶小孩方法解讀

進入孩子的內心世界，就是建立一種理解、愛和信任的關係。是否能把自己的經歷和孩子的經歷結合起來，並有趣地講給孩子聽，這是對爸爸共情能力的考驗。我們要學會講好自己的故事，並耐心引導孩子，用尊重和鼓勵來滋養孩子的內心。

培養孩子的勇氣，不妨多一些激勵

你家孩子膽小嗎？是不是遇到事情就害怕退縮？每位家長都希望自己的孩子勇敢、樂觀，這也是家庭教育工作中一項重要的內容。那麼，在日常生活中，尤其是爸爸，怎樣才能幫助孩子獲得勇氣呢？有的爸爸經常說自己家的孩子特別膽小，很想要鍛鍊孩子的勇氣，但這不是一天兩天就能改變的，需要爸爸耐心地引導孩子，只有這樣才能讓孩子慢慢變得勇敢。

爸爸帶小孩案例

首先，我們要弄明白孩子為什麼會膽小？為什麼遇到問題總是會哭，而不去想解決的辦法？第一個原因就是因為孩子的性格比較內向，這也是最重要的原因之一；其次就是我們太寵溺孩子，給孩子一個錯誤的導向，例如，孩子遇到了問題一哭，父母就趕緊過來幫他們解決，所以日後他們便會覺得只要哭一哭，父母就能立刻幫他們解決問題。

可能家長自己都分不清楚，哪些孩子天生膽大，哪些孩子天生膽小。但我們經常會看到那些被嬌生慣養的孩子遇到一點委屈，碰到一點事情，就撲到爸爸媽媽的懷裡哭泣，爸爸媽媽痛到心裡，著急替孩子出頭，不停地安慰孩子，但越是這樣孩子越是害怕面對問題，遇事越沒有主見。

朋友的女兒在一家幼稚園讀書。一天，他去接女兒，然後他看到了一件有趣的事情。

一個男孩正專心地拼裝玩具超人，當他把超人拼裝好時，被一個大個子男孩一把搶過去，並把他推倒在地。小男孩從地上爬起來，跑到老師面前哭訴。

朋友以為老師肯定會調查事情的真相，再嚴厲地責罵大個子的男孩子，然後安慰受傷的男孩，讓搶玩具的孩子把玩具還給男孩，並且道歉認錯。

然而老師卻沒有這麼做，老師在了解了事情的真相後，對挨打的男孩說：「別哭，去把屬於你的東西要回來。」

於是這個小男孩就跑上去奪回了自己的玩具，還跟大個子男孩打了一架。雖然過程很艱辛，但他最後勝利了，小男孩露出自信的笑容。

一次鄰居家的孩子開始和女兒搶東西，女兒處於弱勢，因為她沒有那麼大的力氣，她的東西一被搶，她就聲音尖利地哭叫，並委屈地望著她爸爸，可爸爸借鑑了幼稚園老師的方式，沒有幫她，只是鼓勵她：「不用怕，把你的東西搶回來。」

雖然女兒那個時候很小，卻也能理解爸爸的意思，並感受到來自爸爸的支持。她雖然在哭，可是腳步卻沒有猶豫，她勇敢地走上前，伸手搶回她的東西，雖然她還被那個小朋友推了一下，但女兒一點也不害怕，她表情專注地抓著自己的玩具，一拿到手，馬上跑開。

一上午，兩個女孩就這樣拉拉扯扯、你搶我奪的，可是女兒在「爭鬥」中累積了豐富的經驗和膽量。可能有些人會說這不是慫恿孩子打架搶東西嗎？這樣孩子長大後攻擊性會很強。

但事實並非這樣，只要爸爸掌握好分寸，該爭的時候就要孩子去爭，該謙讓的時候也要讓孩子學會謙讓，只有這樣孩子才能勇往直前，學會自己做主，不讓父母成為他們的保護傘。

爸爸帶小孩妙招

人的一生十之八九都是不如意的，當你的孩子遇到挫折時，是會一蹶不振，還是會勇敢面對？相信所有的爸爸媽媽都希望孩子能勇敢面對，不產生過多的負面影響。但是面對這件事是需要勇氣的，需要強大的心態才能做到，這也就要求父母在孩子成長的過程中，要適當地進行挫折教育，只有經歷過挫折才能直面人生。以下幾個有效的方法供爸爸們參考：

1. 找出孩子最喜歡的名人作榜樣。

英雄榜樣對孩子的行為改變有顯著的影響。給孩子樹立不畏困難、戰勝挫折的榜樣，不僅有助於增強孩子勇敢面對困難的信心，還可以向他們說明：每個人都會碰到困難，勇於挑戰就是有勇氣的表現，不管最終成功還是失敗都是值得肯定的。

2. 根據孩子的興趣和需求，爸爸設定難度係數。

要想激發出孩子的勇氣，需要在恰當的時候給孩子設定一定的困難，但需要注意的是要和孩子的興趣和需求相結合，這樣他們才有克服困難的動力。其次根據孩子的年齡、能力去設定難度係數，即對孩子來說不會太簡單又不會太難，他們能夠自己完成，或是在爸爸的引導下完成。

3. 對孩子成功克服困難的經歷進行記錄。

當孩子有克服困難的成功經歷時，需要立即肯定孩子的付出和努力，而不是簡單表揚孩子聰明，爸爸還可以把孩子的經歷簡單記錄下來。不一定要解決很大的困難時才記錄，只要是孩子花費努力才成功的事情都可以算。如果孩子年齡較小，可以用形象化的方法，例如積分制度，每經歷一次困難就獎勵一朵小紅花，累積的小紅花多了，可以定期給孩子獎勵。這種記錄是長期的延遲滿足，而不是短期的鼓勵。而且當小紅花數量累積得越來越多的時候，孩子會認為自己就是一個善於克服困難的人，從而建立起強大的信心。

4. 善於用紀錄進行鼓勵。

當孩子面臨新困難失去勇氣的時候，可以翻出這些紀錄鼓勵孩子。例如，可以在翻看紀錄之後，對孩子說：「有一次，你也碰到了類似的困難，但最終在你的努力下成功了，我相信這次你也可以的。」然後根據孩子的能力和困難的大小，爸爸給予引導和幫助，記住多一些耐心。

爸爸帶小孩方法解讀

在生活中，我們往往教育孩子要學會謙讓，或者透過成年人的介入為孩子解決難題，但我們卻忽略了他們應該從小就懂得維護自己的權利和尊嚴，他們能夠在這一過程中獲得自信和勇氣。爸爸不妨放手，像我們之前提到的那個美國老師那樣，僅僅是給孩子一句鼓勵，讓他們要回屬於自己的東西，只需要注意讓他們使用正確的方式，爸爸要用正能量培養孩子的勇氣。

用幽默的話語，告訴孩子人生大道理

幽默，是平淡生活中的調味劑，更彰顯了一種人生智慧。對於孩子而言，教會他們幽默，也就是教會了他們快樂面對挫折和失敗的本領，以及與人相處的基本能力。採用幽默的方式教育孩子，讓孩子多一些笑聲，這不僅僅能夠讓他們童年時期擁有愉快的體驗，更是形成美好人格的必要因素。不要怕孩子不懂幽默，其實他們比大人更懂幽默，幽默是世界共通的語言。很多孩子也煩父母跟他們講述大道理，但如果用幽默的方式講出來，孩子就能夠接受了。爸爸只要掌握好幽默的尺度，便可以和孩子暢通無阻地溝通了。

有心理學家說：「父親的出現是一種獨特的存在，對培養孩子有一種特別的力量。」爸爸的影響力能夠塑造孩子形成良好的性格，可以減少孩子的暴力傾向，還可以培養孩子的情緒控制力、判斷力，以及增強孩子的自信心。

擁有一位有趣幽默的爸爸，對孩子而言是非常幸福的事。

爸爸帶小孩案例

這天，10 歲的小兵與好朋友起衝突了。回到家中小兵依然不高興，爸爸看出小兵的情緒不對，便問：「我怎麼看你有點不高興呢？」

「今天，小航把我的作業簿弄溼了，上面有我之前做的全部作業，這下簿子不能用了。」小兵繼續委屈地說道，「那個作業簿可是老師獎勵給我的，我一直沒捨得用。」

「小航向你道歉了嗎？」父親問道。

「他說他不是故意的，但是那有什麼用，我的作業簿還是不能用了。」小兵說道。

「那你打算怎麼做？不再跟小航做好朋友了嗎？」父親問道。

「我不想再理他了。」小兵生氣地說道。

「嗯，也是，反正你的朋友也不少，週末小航也不用來我們家陪你下圍棋了，我和你媽媽也不會，正好圍棋可以收起來了。你的作業簿多重要，比友情還重要，我們可不能原諒他。」父親說道。

小兵似乎感覺自己的行為有些不妥，說道：「但是，那就沒人陪我下圍棋了，其他同學都不會。」

「沒事，我們不玩圍棋了，圍棋可以當廢品賣掉，說不定賣的錢還不夠給你買根雪糕呢。」父親故意說道。

「那不行，我上週和小航約好了，這個週末我們還要比賽呢。」小兵急忙說道。

「對嘛，男人要大氣，別因為一點小事斤斤計較，你可是我們家的棟梁。」父親說道。

聽完父親的話小兵笑了。第二天小兵主動找小航說話，週末兩個人又一起下圍棋了。

看，這位爸爸就透過幽默的方式向孩子傳授了大道理：人要有包容心，尤其是對自己的朋友，我們要包容朋友的過錯，遇事不要斤斤計較。

爸爸帶小孩妙招

幽默感是一筆財富，擁有幽默感的人會收穫好人緣、樂觀的心態，還有正面的人生。幽默感不僅對個人的人生很重要，對關係最為固定的家庭來說也非常重要。氣氛幽默的家庭，家人之間的關係會更和諧。孩子在這樣的環境中長大，對爸爸媽媽的態度會很不一樣，親子之間能夠很親切地開玩笑，有了矛盾也很容易解決，孩子在處理其他人際關係時會更有技巧，也更寬容。

1. 爸爸媽媽要帶頭幽默。

有的爸爸媽媽雙方都不是幽默的性格，難道要改變自己的性格來給孩子做榜樣嗎？幽默是不是一種天賦，不一定人人能學會？其實，幽默並不難，爸爸媽媽帶頭幽默並不是要改變自己的性格，或者是讓自己的語言更幽默，爸爸媽媽要做的僅僅是放低自己的身段。不要總端著一副架子，有時候扮一個鬼臉就能拉近你和孩子的距離，讓他們開心起來。爸爸媽媽還可以適當做一些滑稽的動作，比如，和孩子一起投入地看一部卡通片，看到開心處和孩子一起開懷大笑。

2. 鼓勵孩子的幽默行為。

孩子的智慧是無窮的。他們有著天馬行空的想像力，還有旺盛的表達欲，有時候他們的一些想法非常搞笑和有智慧，我們要抓住這些機會讚美孩子，這是對他們繼續表達自己幽默感最好的鼓勵。如果孩子的搞笑行為比較幼稚，或者你並不覺得好笑，請不要表現出不屑的態度，你可以對他提出一些疑問，或者在孩子玩笑的基礎上繼續發揮，這樣才能引導孩子開發出更多的幽默方式，提高自己的幽默感。

3. 對孩子不當的幽默予以糾正。

孩子可能會在表現幽默的時候犯一些錯，比如拿別人的缺點開玩笑，或者在不恰當的時機出來搞笑。這種情況發生時，我們要及時制止孩子，然後誠懇地向別人道歉，再把孩子拉到一旁，告訴他們剛才的行為冒犯到了別人，趁機告知他們什麼樣的玩笑是不能開的，孩子會對幽默有更好的理解。

爸爸帶小孩方法解讀

幽默感有助於調節孩子的情緒。孩子的心理承受力和情緒控制力都比較差，很容易產生煩躁、不安等負面情緒，如果孩子富有幽默感，他們就能很好地調節自己的情緒，以樂觀的態度面對生活。這樣能夠不斷提升孩子的自我心理承受力和意志力，對孩子的人生有著重要的作用。幽默還可以化解衝突，將理解變得更簡單，所以，為了孩子能健康、快樂地成長，別總是一副冷冷的表情，和孩子共同培養自己的幽默感吧！

第八章　引領啟發：

成為孩子心中值得信賴的導師

在學校被排擠，爸爸不妨教孩子破局之道

作為父親，我們都希望自己的孩子可以和別人友好相處，然而願望是美好的，現實卻是殘酷的。在現實生活中，我們會看到很多孩子在學校被同學排擠，而孩子被排擠的本質是什麼？

說得簡單一些，孩子被排擠實際上是被變相地欺凌和傷害，對孩子身心殺傷力是很大的。這種被排擠的狀態其實就是一種冷暴力，長時間面對冷暴力會讓孩子變得自卑、精神壓抑，甚至會出現社交恐懼。所以如果發現孩子處在被排擠的狀態時，作為父親一定要非常重視，除了用心關注孩子的內心變化，還要和他們一起力爭扭轉局面。

父親應該意識到，孩子被排擠是一種非正常的狀態，因為人在社會中勢必需要與其所處環境周遭的人進行交流和來往，而孩子在學校裡，周圍大都是同齡人，其興趣愛好應該擁有交會點，孩子不應該缺少「玩伴」或者是交流對象。因為被排擠，孩子長時間處在孤獨的狀態，這種孤獨的狀態又是人為造成的，這對孩子的心理健康是十分不利的。雖然說排擠別人的孩子是有問題的，並且占很大一部分責任，而被排擠的孩子也是存在一定問題的，作為父親應該先分析自己家孩子身上存在的問題，然後幫助他們解決問題，促使他們能夠盡快融入到同學中，避免讓他們長時間處在被排擠的狀態。

有親子教育專家認為：「孩子的世界，相對要比成人世界單

純。這種單純不僅體現在他們的心理認知上，也體現在他們的處事方式上。孩子不像大人，好惡往往溢於言表，喜歡就是喜歡，討厭就是討厭。再加上，年齡小的孩子更容易產生從眾心理。一旦兩個孩子之間發生衝突，如果其中一個孩子很有號召力，那麼另一個孩子便有可能被排擠。」他認為孩子偶爾被排擠的情形並不可怕，這也是比較常見的，但是如果孩子長期被排擠，就會造成嚴重的負面影響，不僅會影響孩子的心理發育，還會影響他們長大後的人際關係。

爸爸帶小孩案例

綜藝節目中，一位叫點點的小女孩上三年級了，她綁著兩根長長的馬尾辮，長相也十分可愛。但是點點的爸爸卻憂心忡忡，原因很簡單，點點在學校不合群、沒有朋友，點點也從來不參加集體活動，不僅如此，點點的脾氣還十分暴躁，她經常會將班裡的男同學打得鼻青臉腫。一個才上三年級的女孩為什麼會有如此表現呢？

兒童心理專家詢問點點，在學校有沒有想結交的朋友？點點回答道：「開始我有一個好朋友，她和我一樣是女孩，後來不知道為什麼她突然就不理我了，後來我發現她成了班裡其他人的好朋友。班裡有一個叫梅梅的女孩很霸道，她不讓其他同學跟我一起玩，後來我就沒有朋友了。」

面對點點的回答，爸爸顯得十分詫異，他只知道女兒愛施暴，但是從來沒有意識到女兒在學校竟然受到別的小朋友的排擠。

「那你為什麼喜歡打別的小朋友呢？」心理專家問道。「他們嘲笑我沒有朋友，再說我只有打了他們，他們才會注意到我，他們才會願意多跟我說話。」點點說道。原來在孩子心目中，打別的孩子的目的是為了引起他們的注意，這對父親來講是多麼心酸的理由啊！但是作為父親，是否想過自己家的孩子為什麼會遭受排擠，而別人家的孩子為什麼不會被排擠呢？究竟什麼樣的孩子才能夠被其他同學喜愛呢？

爸爸帶小孩妙招

為什麼有的孩子會被排擠？其實孩子被排擠的原因是多方面的。通常被排擠的孩子會分為這三種：一種是常常以自我為中心，自私、好強、表現欲強烈的孩子；另外一種是不善交流、不善言談、內心自卑的孩子；還有一種是具有特殊個性或行為表現的孩子，比如，這些孩子愛打小報告、愛發脾氣等。那麼，如果父親發現自己的孩子在學校被排擠，究竟該如何去做呢？

1. 善於傾聽，讓孩子宣洩心中的苦悶。

一旦發現孩子有被群體排擠的傾向，爸爸一定要先傾聽他們的苦惱，並積極與他們溝通，認同孩子、接納孩子，讓他們感受到爸爸與自己一樣傷心難過。與此同時，父親還應該告訴孩子，很多人都會面臨這樣的問題，這是很多孩子都經歷過的事情，不一定是壞事。

2. 父親要善於幫助孩子分析原因和進行自我調整。

父親了解到孩子在學校被排擠的時候，孩子可能不願意父親直接介入，這個時候父親要做的就是幫助孩子分析被排擠的原因。如果是因為孩子性格好勝、個性張揚，那麼不妨讓孩子低調一些；如果是因為孩子的行為習慣不好，比如不講衛生，父親可以幫助孩子改正；如果孩子被排擠是因為膽小，平時就要多肯定孩子，讓他們變得自信。在這個過程中，父母除了給孩子一些建議之外，還必須要跟蹤事情轉變的情況及結果。

3. 必要的時候父親可以直接介入，幫助孩子回歸集體。

在孩子進行了自我調整之後仍然被排擠的時候，作為父親不妨親自出面，打破孩子被排擠的僵局。一個長期被排擠的孩子在學校要想在短時間內交到很多朋友是不現實的，因此父親不妨指導孩子先結交一兩個朋友，有了朋友孩子自然就不會感到孤單了。

4. 父親可以與老師進行溝通。

孩子在學校被排擠，這種狀態是需要告知老師的，並且父親可以要求老師進行協助，但是絕對不能打其他同學的小報告，否則結果會適得其反。

孩子在學校一旦被排擠必須儘早發現並協調，避免他們成為學校中的「異類」。父親一定要了解孩子在學校的狀態，不要只關心孩子的學習成績，不關心孩子的社交情況。了解了孩子的狀態才能幫助他們擺脫社交困境，避免孩子產生嚴重的心理問題。

爸爸帶小孩方法解讀

孩子進入幼稚園之後就有了與人交往的需求，然而調查中卻發現大概有5%到6%的孩子存在在學校被排擠的現象，甚至會因此產生恐懼心理。如果這種被「排擠」的狀態一直持續，可能會給孩子的童年留下難以抹去的心理陰影，他們可能變得自卑、憂鬱、孤僻，甚至出現怪癖行為。因此，作為父親一定要重視孩子在學校的狀態。

與朋友起衝突，幫孩子重拾友誼

孩子和同伴起衝突後，如果你處理不當，就會變成火上澆油。隨著孩子的成長，他們會有自己的社交圈，但只要是與他人進行交往，就難以避免會發生衝突。孩子上了學之後，大部分的時間都待在學校和同學相處，大家都是同齡人，又都是小孩子，相處之中難免會出現一些衝突和問題。這個時候如果他們向家長求助，家長要怎麼做才算是正確的引導，而不是火上澆油呢？

爸爸帶小孩案例

雅雅回到家就扔下書包，十分生氣地坐到了沙發上，一言不發。爸爸意識到她生氣了，正想要問發生了什麼事情，此時門鈴響了，來的是雅雅的好朋友曉彤。雅雅看到曉彤進來了，並沒有像平時那樣開心，反而生氣地快步走到門口，曉彤不停地說「對不起」，但曉彤的話音還沒落就看到她被雅雅推出門外，並關上了門。

爸爸斥責雅雅的無禮表現，雅雅滿眼淚水地說道：「她把我昨天晚上辛辛苦苦畫的畫弄髒了，那幅畫是我要參加競賽用的。她不小心潑上了墨水，我白畫了，我再也畫不出那麼好的畫了。」爸爸聽了雅雅的話，想起來女兒用了好幾天的時間來完成那幅畫，雅雅認為曉彤是故意使壞的。於是爸爸理解了雅雅的心情，畢竟那是女兒辛苦了幾天才畫好的。他安慰女兒說：「雅雅，你們可是好朋友啊！曉彤也經常會幫助你，上次你畫畫的紙沒有了，還是曉彤將自己的畫紙送給你，你才能繼續畫畫的，曉彤怎麼可能故意將你的畫弄髒呢？你這樣懷疑自己的好朋友恐怕不太好呀！」爸爸剛說完，聽到門鈴再次響起，原來是曉彤來給雅雅送畫紙，她說希望雅雅不要生氣了，希望她能再畫一張更好看的畫。

曉彤走後，爸爸對雅雅說道：「你看曉彤又給你送了畫紙，好朋友之間是需要相互幫助的，也是要相互信任的。」

聽了爸爸的話，雅雅似乎沒有那麼生氣了，第二天雅雅畫了一幅更好看的畫，她又開心地拿給了曉彤看，兩個人和好如初了。

在學生階段，同伴關係是孩子生活中十分重要的一種社會關係。學生的同伴關係核心是友誼，友誼對於孩子來講有著十分重要的影響，它能為孩子提供相互學習、交往和合作的機會，不僅如此，同伴在一起還能夠擴大和豐富孩子的社會關係。友誼能夠幫助孩子體驗情緒，成為孩子累積情感的力量泉源。

爸爸帶小孩妙招

父親在陪伴孩子的過程中，要向孩子傳輸正面的社交行為，幫助他們分辨負面的社交行為，讓他們明白哪些行為是大家默許的，哪些行為是不被允許的。對孩子而言，友誼的結束是很正常的現象，當孩子開始對同伴感興趣時，他們的朋友觀念會建立。作為父親，應該積極地引導孩子學會與朋友分享自己的思想和感情，告訴孩子朋友之間要保持信任和忠誠，與此同時還要保持持久和穩定。

1. 詢問。

當孩子和朋友起衝突後，第一表現可能是不想上學，當孩子出現這種情況的時候，一定要積極詢問孩子。在詢問孩子的過程中，父親不要直接去詢問孩子，而是要學著用旁敲側擊的方式來讓孩子說出自己不想上學的理由。

當然，在詢問的過程中，父親不能直接教訓孩子，而是要了解清楚孩子與朋友產生矛盾的原因和事情經過，這樣才能有針對性地與孩子商量對策，幫助孩子化解心結。

2. 了解事情的來龍去脈。

如果父親將詢問當作是一種了解孩子內心的方法，那麼讓孩子把事情的原委說清楚便是詢問的結果。在這個過程中爸爸要明白，這只是孩子單方面的敘述，難免會摻雜他們的個人觀點和偏見，你所聽到的可能不是事情原本的樣子。因此，在聽的時候千萬要留心，不要把孩子的敘述完全當成事實的全部。

對於孩子來說，友誼在他們的人生中所占的分量是很重的，對於同伴的關心和態度也會對孩子產生影響。但是由於他們的心智不成熟，對待交往沒有界限，很容易出現問題，此時爸爸要冷靜客觀地引導孩子。

孩子對友情是很看重的，他們往往會把結果想像得很嚴重，家長不要覺得他們的想法幼稚可笑，反而要對他們這種重視友誼的階段好好珍惜，畢竟等到孩子年紀漸長，經歷了社會的磨鍊之後，往往就不會像小時候那樣看重友情了。

3. 關注孩子的感受。

在與孩子交談的過程中，如果孩子將自己的心事表露出來，就表明他們希望表達自己對這件事情的態度。孩子在乎的可能並不是事情本身，而是希望父親能了解自己對這件事情的態度。

通常情況下，孩子與朋友之間的衝突多是簡單的，不會牽扯到利益紛爭，往往是生活上的一點小事。孩子之所以會因為這些小事情產生心理壓力，一方面是因為他們害怕失去朋友，另一方面可能是因為夥伴的做法讓他們感到憤怒。

4. 找出問題的突破口。

既然孩子很生氣，那就表明他還是十分在乎好朋友的，他們只是不知道如何挽回友情，此時父親可以讓孩子知道事實真相，越生氣代表對方在他們心裡的分量就越重。其實在起衝突之後，讓孩子知道如何處理與朋友之間的矛盾，能夠教會他們換位思考，讓孩子學會照顧到朋友的心情。

5. 引導孩子想辦法，而不是干涉孩子如何去做。

現在的孩子的交友情況與我們這一代是不同的，但是本質上是不變的，孩子在學校需要有志同道合的小夥伴，只有這樣他們才能具有學習主動性，將枯燥的學習生活變得有趣。

當孩子和朋友發生衝突之後，父親有必要了解發生了什麼事，可以幫孩子多出出主意，但更多的則是引導他們主動思考，讓孩子學會用自己的方式來解決問題，而不是指導孩子如何去做。

現如今很多孩子都是獨生子女，這就導致圍繞在他們身邊的同齡人很少，會讓孩子對朋友有一種特別的希望和期待。因此，孩子在與朋友發生衝突之後，他們不知道如何解決衝突時，父親要做的只是在他們需要幫助的時候，及時給予意見就夠了。

爸爸帶小孩方法解讀

爸爸在看到孩子與好朋友起衝突之後，首先要做的不是去教訓孩子，更不是去指責孩子，而是想盡辦法先了解到事情的全部經過，幫助孩子擁有處理問題的能力，讓他們學會自己摸索著去化解與朋友之間的矛盾，從而累積更多的社交經驗，這對孩子以後的成長是十分有幫助的。

做孩子心目中的那本「十萬個為什麼」

「為什麼汽車比腳踏車快？」、「為什麼太陽比月亮溫暖？」、「為什麼樹葉上的葉脈都不一樣？」面對孩子的問題，作為父親的你是如何回答的呢？

很多父親對待孩子提出的問題總是表現出不耐煩的態度，甚至會責備孩子「你提的都是些什麼問題」。於是，父親拒絕思考，拒絕回答孩子的這些問題，短時間內父親會覺得「耳根清淨」了，久而久之父親會發現孩子再也不提問了，甚至在學習中遇到自己不會的問題，也不提出自己的疑問，這究竟是為什麼呢？孩子的成長過程其實是一個好奇心得到滿足的過程，當他們對外界事物不了解的時候，往往會提出自己的疑問，展現出自己的好奇心。孩子提出疑問、尋求答案的過程，其實就是他們的認知在不斷完善的過程。在這個過程中，合格的父親會想盡辦法滿足孩子的求知欲，幫助孩子解決一切問題。因此，在整個過程中，爸爸怎樣對待孩子，孩子就會表現出怎樣的狀態。

爸爸帶小孩案例

一天，皮特向好朋友抱怨：「現在的小孩子為什麼這麼吵，小嘴嘰嘰喳喳地問個不停，不停地問為什麼，簡直就是十萬個為什麼。」就在這個時候，皮特的兒子向他們走過來，仰著頭問道：「爸爸，我在書裡看到，說人是由猴子變的，這是真的嗎？」

「是不是真的我不敢確定，但是一個叫達爾文的人是這樣推論出來的，我認為他的推論很有道理。」皮特說道。

「那為什麼人和猴子長得不一樣呢？」兒子繼續問道。

「因為有一部分猴子進化了，而有一部分卻沒有進化。」皮特解釋道。此時，坐在一旁的朋友很好奇，他心想皮特雖然嘴上抱怨孩子問題多，但是卻不厭其煩地向孩子解釋，耐心地回答孩子的問題。

「為什麼一些猴子進化了，而另外一部分沒有進化？」兒子繼續問道。

……就這樣，皮特和兒子足足討論了有半個小時。在回答完兒子的問題之後，皮特的朋友對他說道：「你簡直就是你兒子的百科全書。」

「不，我被我兒子稱作『十萬個為什麼』。」說完，皮特和朋友一起笑了。不得不說皮特是一位合格的好爸爸，在生活中有多少爸爸能夠這樣對待孩子，又有幾個爸爸能經受得住孩子接二連三的提問呢？

爸爸帶小孩妙招

孩子在成長的過程中，會對世界有強烈的求知欲，因此他們總是會提出各式各樣的問題，作為父親應該耐心地回答孩子的問題，並且利用一切時間進行自我充電，保證自己的知識儲備能夠滿足孩子的求知需求。在這個過程中，父親要注意以下幾點：

1. 耐心地回答孩子的問題，不敷衍，也不斥責。

很多父親在上了一天班之後感覺十分疲倦，下班回家之後他們希望能夠清靜一下，做一些自己想做的事情。如果此時孩子在自己面前轉來轉去、問東問西，父親會十分不耐煩，甚至會斥責孩子：「自己去玩，別在這裡搗亂。」父親面對孩子的問題會敷衍了事，這樣的做法不但會傷害他們的自尊心，還會打擊孩子學習的積極性。

2. 及時回答孩子提出的問題，不拖延。

孩子提出的問題，往往是針對性很強的問題，而孩子注意力集中時間較短，問過什麼問題可能轉眼就忘記了。父母如果過了很久才回答孩子的問題，所發揮的作用可能就不會太理想。如果父母遇到自己也不懂的問題，可以與孩子一起看書或者是上網尋找答案，在這個過程中既鍛鍊了孩子的動手能力，也鍛鍊了孩子的思考能力。

3. 了解孩子提問的原因，再給予孩子答案。

有的時候孩子提出疑問不是為了獲取知識，而是在表達自己內心的不安或不滿。此時父親要做的不是給孩子一個正確的答案，而是盡量撫慰他們幼小的心靈。

4. 父親可以用簡單的話語來啟發孩子進行獨立思考。

隨著孩子年齡的成長，他們會提出一些比較複雜的問題，這些問題對開拓孩子的思想和知識量是十分有幫助的。因此，在回答孩子此類問題的時候，父親要做的就是幫助他們化繁為簡，然後在一旁引導孩子，讓孩子學會獨立尋找答案。

5. 引導孩子仔細觀察，自己尋找答案。

孩子總是會對自然界的各種現象產生興趣，父親除了在口頭上「接單」之外，還應該引導孩子仔細觀察外界事物，這樣有利於增強他們的直覺形象思考能力，以及增加知識、開闊眼界。

孩子提問的過程就是思考問題的過程，只有經過大腦的思考，他們才會提出問題。因此，在面對孩子提問時，父親要有耐心回答他們的問題，同時要利用業餘時間豐富自己的知識涵養，盡量滿足孩子對知識的需求。

爸爸帶小孩方法解讀

一位合格的爸爸從來不會嫌棄孩子的問題多麼無聊或多麼繁瑣，他們會用自己的人生經驗和知識庫來回答孩子形形色色的問題。在這個過程中，既能豐富孩子的思想，又能讓孩子感受到父親知識的「淵博」，這對開拓孩子的眼界是十分有幫助的。

孩子的興趣，恰巧是你的「愛好」

隨著社會的發展，越來越多的父母希望自己的孩子能擁有廣泛的興趣愛好，甚至希望孩子將興趣愛好打造成「專長」。父母的這種想法沒有錯，但是在培養孩子興趣的過程中，父母究竟該如何去做呢？

有些父親將孩子的興趣單純定義為他們自己的事情，比如，孩子對畫畫感興趣，那麼就讓他們自己去畫，不去給予他們正確的引導，他們也只是「亂寫亂畫」，所以孩子在繪畫方面根本不會有成長。而一位合格的父親，他會將孩子的興趣當作自己的愛好，孩子愛畫畫，那麼父親便會學習一些繪畫的知識，引導孩子向更「專業」的方面發展。在引導孩子的過程中，父親是需要付出自己的心力和精力的。

我們經常會發現一種現象，孩子對一個事物保持興趣，這種興趣保持的時間很短，而隨著時間的推移，他們的興趣可能會發生改變。這就需要父親能夠將孩子的興趣看作自己的愛好，透過自己用心的學習，及時對他們進行引導，他們便會將興趣堅持下去，甚至有可能發展成特長。

爸爸帶小孩案例

小周發現最近女兒喜歡上了寫書法。在很早之前小周買過一支毛筆，他想要練習書法，但是因為工作忙導致小周沒有堅持下去。這天，女兒翻出小周之前買的毛筆和墨水，在紙上亂寫了起來。小周開始認為女兒只是好奇，便沒有在意。過了一個星期，小周發現女兒依然每天堅持用毛筆寫字，不僅如此，女兒還會在課餘時間翻看小周買的字帖，臨摹字帖上的字。小周問女兒是否喜歡寫書法，女兒回答得很肯定。第二天，小周便給女兒買來了紙，讓她學寫書法。真正學習寫書法的過程是枯燥的，小周為了讓女兒真正喜歡上書法，他自己也每天堅持練習。每天女兒放學、小周下班之後，兩個人在書房裡安靜地寫著書法，雖然小周寫得不算很好，但是女兒卻寫得很好，並且一直在進步。女兒很高興，她說：「我和爸爸都愛寫書法，我們有共同的愛好，太幸福了！」

對於小周來講，他和女兒相處的時間也變得更多了，透過兩個人一起練習書法，小周發現女兒原來是如此的有毅力，如此的優秀。

爸爸帶小孩妙招

作為父親都希望孩子能擁有高雅的興趣愛好，希望他們能夠擁有自己擅長的技能。因此，一些家長會選擇給孩子報才藝班，可有的孩子對這些班根本不感興趣。父親一定要尊重孩子的意願，以他們的意願為前提，給他們報才藝班。為了發展孩子的興趣，父親要學著與孩子建立相同的愛好。

1. 允許孩子更換愛好。

孩子在不同的年齡會有不同的興趣愛好，因此孩子對興趣愛好出現更換的現象也是常有的。父親不要認為孩子更換興趣就是「耐心不夠」、「不懂堅持」，要給予他們更換愛好的機會，讓他們選擇其實也就是順應他們的成長需求。

2. 不強制孩子建立興趣愛好。

有些父親看到孩子稍微對某件事情感興趣，便認為孩子的興趣點在這裡，然後直接給予孩子專業的指導，希望他們將興趣發展為專長。當然，父親的初衷是沒有錯的，但是並不是所有孩子感興趣的事情都適合當成他們的特長來培養。父親不要將自己的意願強加給孩子，否則他們會徹底放棄這個興趣的。

3. 並不是所有的興趣都適合孩子。

對孩子來講，適合孩子的事情才能對他們有幫助，但是隨著社會的發展，孩子接觸外界的事物越來越廣泛，這就導致他們的興趣也越來越廣泛。當然，有些興趣愛好不適合孩子，這就需要父親給予正確的指導，協助他們做出正確的選擇。

與孩子發展相同的興趣愛好能夠增進親子關係，讓父子、父女之間多一些溝通的機會。對於孩子來講，他們可以從父親身上學到很多東西，孩子會更加喜愛和崇拜自己的父親。父親在培養孩子興趣的同時也完善了自我，這對父親來講也是有利無害的。

爸爸帶小孩方法解讀

孩子的興趣愛好容易發生變化，想要讓他們的興趣少一些變動，堅持將興趣發展成專長，這就需要父親付出很多精力和時間。父親與孩子發展共同的興趣愛好，這對他們學習知識、發展專長來說也是十分有益的。孩子的興趣點，也是促進父親進步的方向。

善於學習，做孩子心目中的英雄

人們常說，子不教，父之過。可見，父親在教育孩子這件事上有著不可替代的作用。

一位優秀的父親不僅注重對孩子的陪伴，更會不斷提升自己，努力給孩子樹立一個積極、正面的榜樣。作為父親的你是否想過，自己究竟要怎樣扮演父親的角色？你要在孩子心目中充當怎樣的榜樣角色？你要讓孩子將你看作「英雄」還是「笨蛋」？

或許你會說，我也想給孩子樹立一個好榜樣，但是我的工作太忙了，根本沒有時間去思考如何教育和陪伴孩子。這樣的話不如說我們因為自己的情緒、自己的懶惰，放棄對孩子付出很多心力。

在父親的內心中，都渴望成為孩子心目中的榜樣和英雄，但是我們回顧自己的生活時不難發現，我們的榜樣行為並不是持久的，或者說不是常有的，這是因為我們沒有堅持用心陪伴孩子、教導孩子。

孩子是父親最大的「產業」，是上天賜給父親一生中最重要的一份「產業」。想要經營好這項「產業」，就需要付出心思來教導孩子。孩子在我們心目中的地位，是我們能否成為英雄的前提，否則父親也沒有足夠的能力在生活中持續不斷地踐行英雄行為。

爸爸帶小孩案例

張先生講述了自己與兒子一起經歷的一件事情：

我在兒子 8 歲的時候，帶他去滑雪，其實去之前我也不會滑雪，只是兒子想學，正好趕碰上孩子放寒假，我就帶他一起去了。

在滑雪場有專門的教練教他怎麼滑雪，兒子很認真地跟教練學。我就站在一旁看著，兒子突然扭過頭問我：「爸爸，你會滑雪嗎？」

我搖搖頭說自己不會滑雪，我從兒子的眼神中能看出他有些失望，我問他怎麼了，他說：「小鵬的爸爸滑雪特別厲害，每年小鵬都會和他爸爸一起去滑雪，我以為您會滑雪呢。我還在想我學會滑雪了，就可以每年跟您一起來這裡滑雪了。」

原來，兒子學滑雪是為了能跟我一起出來玩。當即我就開始跟教練學，過了兩個多小時，我基本上能掌握滑雪的要領了。然後，我就跟兒子一起慢慢練習。我們在那邊住了一個星期，我先學會了滑雪，後來兒子也學會了，他說：「爸爸，你滑得很棒，太厲害了。」從兒子的眼神中我能看出，他以我為傲。在很多孩子的心目中，他們都希望自己的父親是一個英雄，能夠做很多自己不敢做或者不能做的事情，而每位父親都希望能成為孩子的榜樣。

爸爸帶小孩妙招

都說父母是孩子的第一任老師，對孩子的成長會產生潛移默化的作用，那麼如何成為孩子的榜樣？父親要從以下這幾點來著手：

1. 父親要從自身做起，加強自身的學習。

如果父親想要成為孩子的榜樣，自然要懂的比孩子多、會的比孩子多，因此父親需要豐富自己的閱歷和知識，在孩子需要的時候給予孩子足夠的支持和幫助，這會直接影響到孩子的行為和思想。

2. 父親可以訂閱一些孩子感興趣的讀物，與孩子一起閱讀。

讀書的過程，其實是父親與孩子一同汲取營養的過程，讓孩子看到父親愛學習的一面，這對提升孩子的求知欲和良好學習習慣的養成，也是十分有幫助的。

3. 父親要有自己擅長的知識領域。

我們常常希望孩子擁有專長，其實對於父親來講也是一樣，在教育孩子的過程中一定要多學習，豐富自己的知識結構，從而滿足孩子的好奇心和知識需求。只有這樣孩子才會意識到父親知識淵博，才會將父親當作自己心目中的偶像。

每個父親都希望成為孩子心目中的偶像，有些父親還希望孩子能夠向自己學習，而要想實現這一目的，父親就要先豐富自己的大腦，成為孩子的知識寶庫，讓孩子感受到父親不可替代的位置。不僅如此，在教育孩子的過程中，樹立父親的英雄形象能增強孩子的自信心，讓孩子感受到來自家庭的安全感。

爸爸帶小孩方法解讀

每個孩子都是一束陽光，他們能照進父母的心房。如果父親的身上充滿力量、積極、勇敢、膽識，那麼父親就是孩子心目中一道絢麗的彩虹，幫助孩子變得更加自信，給予孩子人生正確的指引。因此，父親要不斷增強自己的文化素養，提高自己的知識交保，做孩子心中永遠不變的英雄。

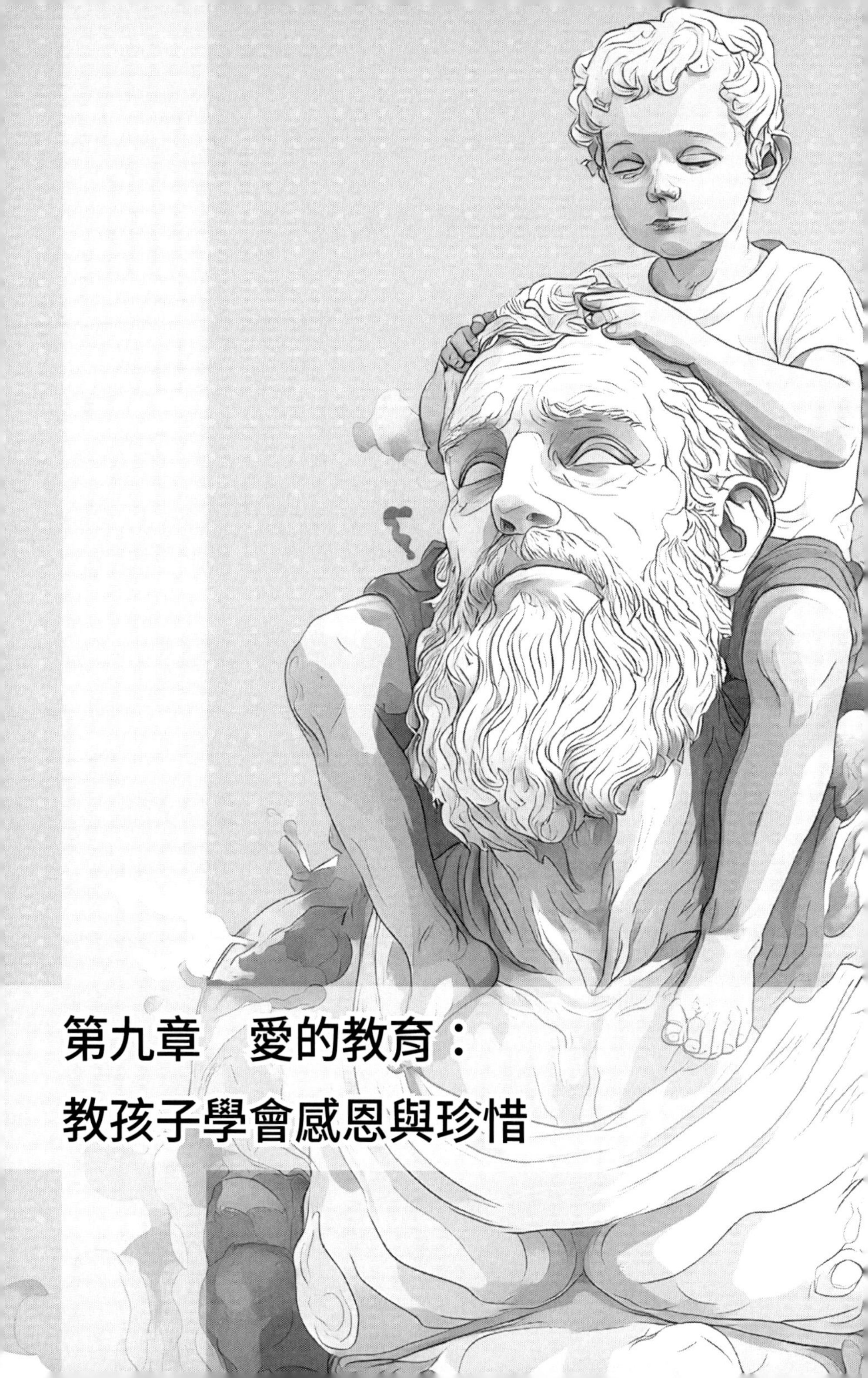

第九章　愛的教育：
教孩子學會感恩與珍惜

懂自愛，才能讓孩子學會愛別人

自愛是什麼？自愛就是愛自己。那麼父親如何教孩子學會自愛呢？一個人如果不懂得愛自己，那麼也不容易接受別人。自尊自愛，意味著愛惜自己的身體、聲譽等，不允許別人侮辱自己，自己也不去做卑躬屈膝的事情。自尊自愛不僅表現為擁有良好的心理狀態，更表現為一種高素養、文明的行為。一個人只有做到了自尊自愛，才能得到別人的尊重。因此，父親必須要在生活中教會孩子自尊自愛。

在生活中，有一些頑劣的孩子，他們不懂得自尊自愛，無論爸爸怎麼責罵，媽媽如何教訓，他們都好像沒聽見一樣，依然我行我素，這些孩子會讓父母覺得很難管教。另外一些孩子，有了不好的行為之後，只要爸爸稍微暗示一下，他們就會及時改正，因為他們懂得自尊自愛，更懂得如何去完善自我。

爸爸必須讓孩子明白如何做才是自尊自愛的行為，慢慢引導孩子學會自尊自愛。在日常生活中，爸爸要規範自己的言行，不僅要自己做到自尊自愛，更要尊重孩子、愛護孩子，不輕易打罵孩子，不做傷害別人自尊心的事。與此同時，父親要多對孩子進行表揚和肯定，經常表達對孩子的關心和疼愛。

爸爸帶小孩案例

小凡小時候十分淘氣，老師經常教訓他，再加上他的學習成績不好，很多同學經常取笑他，因此，小凡變得更加調皮，他覺得自己不管怎麼做，都得不到別人的認可，那就不用再努力學習和遵守紀律了。對於小凡的表現，父親看在眼裡、急在心上。這天，小凡看到院子裡有一隻蝴蝶飛來飛去，十分興奮。父親對小凡說道：「小凡，你聽過蝴蝶的故事嗎？」

小凡搖搖頭，父親便給他講了這樣一個故事：一天，一隻毛毛蟲在地上爬，它看到了一隻螞蟻，便對螞蟻說：「小螞蟻，我們一起玩，好不好？」小螞蟻看了毛毛蟲一眼，不屑地說道：「我才不和你一起玩，你長得這麼醜。」說完，小螞蟻扭頭回到了窩裡。

毛毛蟲又向前爬，看到了一隻蝴蝶，毛毛蟲自卑地低著頭說道：「你真漂亮，肯定有很多好朋友，我這麼醜，一個好朋友也沒有。」

蝴蝶說道：「你也可以變得很漂亮，不要嫌棄自己，更不要因為別人而嫌棄自己。我願意當你的好朋友。」

毛毛蟲聽了蝴蝶的話十分開心，自信地說道：「我不會再因為別人說我醜而感到自卑了。」時間流逝，毛毛蟲變成了蛹，之後它破蛹而出，成為了一隻漂亮的蝴蝶。

爸爸對小凡說：「毛毛蟲是一隻懂得自尊自愛的蟲子，如果它因為螞蟻嫌自己醜而自暴自棄，那麼蝴蝶恐怕也不願意和它做朋友，它可能就放棄了做一隻美麗蝴蝶的機會。」

小凡明白了爸爸的意思，從那天之後，他不再故意調皮搗蛋了，學習成績也有所提高。

爸爸帶小孩妙招

孩子學會了自尊自愛，便能夠透過自己的努力進步，在將來獲得更大的成功，擁有更美好的生活。也只有自尊自愛的孩子，才能夠學會如何去愛別人，如何與別人建立良好的關係。

1. 爸爸首先自己要做到自尊自愛。

父親在陪伴孩子的過程中，孩子會將父親當作自己模仿的對象。如果平時爸爸為人處世時刻做到自尊自愛，孩子在父親的耳濡目染之下，也會學著爸爸的樣子去做事情，在不知不覺中他們就學會了自尊自愛。

因此，父親不管在什麼情況下，都要時刻注意自己的言行舉止，給孩子做榜樣，以身作則來教育、引導他們。

2. 充分尊重孩子。

很多父親受到傳統思想的影響，認為孩子是自己所生，因此自己想用怎樣的方式就用怎樣的方式來教育孩子。有些父親會用一些諷刺、挖苦的語言，當眾批評孩子，甚至會做出一些傷害他們自尊的事情，這樣不尊重孩子的行為會讓他們感到非常自卑，甚至會讓孩子產生心理陰影。

孩子的良好表現都是在父母對他們充分的尊重下形成的。所以，要想讓孩子成為一個優秀的人，爸爸一定要充分地尊重孩子，給孩子留足面子。

3. 讓孩子學會尊重、關愛別人。

父親要讓孩子充分懂得自尊自愛，活得更加有尊嚴。不僅如此，還要讓孩子懂得尊重別人、關愛別人，因為只有這樣他們才能得到別人的尊重。孩子對別人的態度，決定著別人對孩子的態度。因此，父親需要告訴孩子，想要得到別人的尊重，就需要維護自尊、關愛別人。

4. 正確應對孩子的成功和失敗。

在孩子的一生中，可能會遇到很多困難與挫折，也會遭遇很多失敗。父親在孩子失敗的時候要正確處理，多鼓勵他們，讓孩子感受到來自父親的支持。如果孩子失敗了，父親不要愁眉苦臉；如果孩子成功了，爸爸也不要喜形於色。不管孩子是成功還是失敗，爸爸都要無條件地表達對他們的愛，並給予孩子一定的支持。當孩子知道自己一直被愛著，便能夠勇敢地去面對和突破自己。

爸爸帶小孩方法解讀

當你的孩子變得有教養又自愛時，作為父親，你一定會感到十分驕傲和自豪，但這個過程並不是一蹴而就的，而是非常瑣碎且漫長的，父親千萬別因為小事而放棄，因為孩子的未來就是由這一件件的小事成就的。

親近自然，幫孩子建立慈悲之心

隨著社會的發展，越來越多的孩子變成了「宅兒童」，將來社會上又可能會出現很多與自然隔絕的「宅少年」、「宅青年」，這些孩子不關注大自然的鳥語花香、小溪潺潺，他們的關注點只有螢幕裡的卡通人物。這些孩子離自然越來越遠，這種疏離會導致他們的感官退化，讓孩子感受不到大自然的美好，甚至會讓他們失去慈悲之心和憐憫之心。

一個從小就對生命、對自然失去敏感的孩子，長大之後怎麼會關心他人和關愛生命呢？作為成年人的我們，應該十分清楚具備責任感對人的一生來講是多麼的重要。因此，我們應該建立一個良好的環境，從而激發孩子的慈悲之心。

孩子的慈悲之心的根源是內心的責任感，而他們在親近自然的過程中會產生對外界的好奇心。在大自然中，父親與孩子的情緒都能夠得到很好的釋放，共同嬉鬧、玩耍能增進親子之間的感情。在陌生的環境中，對綠樹、青草、花朵、高山等這一切產生的好奇心，能夠促進孩子情感、智力的發展，對他們的身體健康也是十分有利的。現在的孩子學習任務繁重，他們常常因為學習而失去親近大自然的機會。在國外，很多父母會帶著出生僅僅幾天的孩子去大自然聞聞花香，聽聽鳥叫。不僅如此，國外每所小學都會有自然課程，要求孩子觀察大自然。總之，讓孩子親近大自然，能夠激發他們對自然的熱愛，同時也是培養孩子責任心和憐憫之心的關鍵一步。

爸爸帶小孩案例

有個綜藝節目向我們展現了兩個不同地方孩子的生活狀態。

小宇來自大城市，父母忙於工作，很少帶他出去玩，以至於到了小學五年級，他還沒有見過小麥長什麼樣子，他接觸最多的就是遊戲機和電腦。除了學習，他會花費很多時間在玩遊戲和玩電腦上。在小宇的思想裡，一切都是可以用金錢來實現的。於是，他將父親養的金魚拿出魚缸玩，這直接導致了小魚死亡，還會用石頭砸街道上的流浪貓。

在小宇的思想裡，似乎對生死沒有概念，也沒有對生命產生過憐惜，就連一直十分疼愛他的奶奶去世，小宇似乎也沒有表現出過多的悲傷。在生活中，小宇害怕遇到挫敗、遇到困難的事情。

與小宇生活環境截然不同的是一位叫子怡的女孩，她和小宇一樣上五年級。因為生活在山裡，每天除了上學，放學之後她會跟隨父親去山上玩耍，因此，她接觸最多的是大山，她知道二十四節氣的特點，農作物的生長習性，更知道在什麼季節山裡會有什麼花、什麼蟲。

子怡十分熱愛大山，雖然山裡的生活條件十分艱苦，但是她熱愛山裡的一切，她看到花落會傷心，看到花開會開心，聽到鳥叫會開心地呼喚，看到落日會浮想聯翩。遇到困難，子怡從來沒有膽怯和退縮，她總是會主動「迎戰」。兩個孩子表現出的差異相當程度上源於他們接觸到的事物，這檔節目透過兩個孩子的表現來告訴父母，真正對孩子好，就要讓他們多接觸自然，多感受自然。

爸爸帶小孩妙招

有些父親會覺得自己的工作太忙，根本沒時間帶孩子去大自然中「瘋跑」，其實，父親努力工作，不就是為了給孩子創造良好的生活環境，讓他們更好地成長嗎？但是對於孩子來講，與大自然親近，才能得到更好的成長。

1. 孩子更富有想像力。

自然界有山川河流、鳥語花香，有茂密的樹林，有潺潺的流水，這些都將給孩子帶來樂趣和美的遐想，能讓他們的想像力變得豐富。對於孩子來講，擁有豐富的想像力能夠讓他們的大腦思想更加具有跳躍性，能夠提升他們的創新能力。

2. 孩子的觀察力會更敏銳。

父親帶孩子親近自然，能夠讓他們觀察自然中的點點滴滴，讓孩子感受到大自然的神奇，同時能夠培養他們觀察細微事物的能力，讓孩子做事情變得更加認真。

3. 孩子的注意力更集中。

科學家透過調查發現，如果孩子每日花在電子產品上的時間超過 6 個小時，這對他們的成長是沒有好處的。如果想要轉移孩子的思想和注意力，最好的辦法就是讓他們多親近大自然。研究顯示，在自然界中步行 20 分鐘，會比在嘈雜的城市中行走 20 分鐘更能使人靜下心來。因此，父親一定要多帶孩子到大自然中，這樣他們的注意力更容易集中，這對他們的學習和生活都是有利的。

4. 多親近自然能讓孩子的身體更健康。

這點是毋庸置疑的，因為大自然就是孩子的天然運動場。父親是否發現，孩子的體能是十分驚人的，他們可以在不知疲憊的狀態下瘋跑一整天。當孩子整天被限制在狹小的房間裡時，他們運動的本能就會被壓抑。經常在自然中追趕跑跳的孩子身體會更健康。

5. 孩子會更有毅力。

孩子天生喜愛運動，在大自然中瘋跑瘋玩的過程，其實就是在讓他們體驗疲憊感，疲憊感的體驗可以讓孩子變得更堅韌、有毅力。

6. 讓孩子更懂得憐惜之情。

大自然中多是一些花草蟲魚，讓孩子感受大自然，其實也就是讓他們感受自然的生命力，讓他們感受到生命的強大和脆弱。這有助於孩子產生憐憫之情，而憐憫的背後是他們的慈愛之心。透過對自然的感知，產生相應的情感，這對孩子愛商的建立是十分有幫助的。

多親近自然，還能夠緩解孩子內心的壓力，尤其是他們在學習中有了壓力之後，透過接觸自然的方式能夠讓孩子暫時緩解壓力，甚至還能得到相應的啟發，讓他們獲得更多愛的感受。

爸爸帶小孩方法解讀

對於父親來講，在陪伴孩子的過程中，不僅要教會他們如何為人，更要教會他們如何去愛人，懂得愛的孩子才能真正感受到世界的美好。懂得愛是一種必須具備的能力，而這種能力的建立就來自大自然。在大自然中，孩子愛一草一木，一草一木便會展現給孩子足夠的活力和生機；孩子愛惜自然界的鳥語蟲鳴，便能感受到鳥兒的活潑與飛蟲的靈活。讓孩子接近自然，獲得慈悲之心，善良會讓他們的內心變得更加溫暖和柔軟。

恰當處理家庭衝突，讓孩子懂得親情可貴

蕭伯納曾經說過：「家是世界上唯一隱藏人類缺點與失敗的地方，它同時也蘊藏著甜蜜的愛。」可見，親情能夠讓人感受到無比甜蜜的愛。

我們生命中最為寶貴的東西之一就是親情。一個人從生下來就擁有了親情，也正因為如此，很多人會將親情看得習以為常，有時我們在不經意間就會將親情拋之腦後，做出傷害親情的舉動。在一個家庭中，家庭成員之間出現衝突也是無法避免的，作為父親，一個家庭的棟梁，應該學會正確處理家庭衝突，尤其是在孩子面前，要能夠恰到好處地處理家庭衝突，這對他們感受親情是十分有幫助的。

一位社會學家發現，一個人處理家庭衝突的方式會被遺傳，也就是說，現在父親如何處理家庭衝突，以後孩子也很可能用同樣的方式來處理他的家庭衝突。比如，當父母之間出現了分歧，父親用大聲吼叫的方式來解決分歧，這種解決方法被孩子看在了眼裡，他們自然也會仿效父親的所作所為，等到孩子長大之後，組建了自己的家庭，他們也會用大吼大叫的方式來解決自己的家庭衝突。

所以父親能夠恰當地處理家庭衝突，不僅關乎孩子的心理健康，更關乎他們對親情的認知。如果父親用粗暴的方式解決衝突，孩子會認為粗暴的吼叫就是親情，而父親用理性、委婉

的方式來解決家庭紛爭，他們會將理性和溫柔看作是解決問題的有效方式。

親情如同喜馬拉雅山頂的積雪，簡潔卻永恆，如果父親能夠讓孩子感知到親情的永恆，他們自然也會珍視眼前的親情。

爸爸帶小孩案例

阿傑最近工作壓力很大，因為部門來了一位新上司，新上司對他的工作不太滿意。阿傑的妻子是一位家庭主婦，在家裡照顧五年級的兒子。這天阿傑因為工作壓力大，晚上和同事一起出去吃飯，多喝了一些酒。回到家中，妻子抱怨阿傑回來得太晚，還喝這麼多酒。阿傑因為心煩，便和妻子吵了起來。

因為喝酒的原因，阿傑沒有控制好自己的情緒，一氣之下將手機摔到地上。這一幕正好被兒子看到。

第二天，阿傑意識到自己的情緒可能過於激動，不該將工作上的負面情緒帶到家庭中，便與妻子和好了。阿傑以為這件事情就這樣過去了。

過了一個多星期，阿傑正在上班，兒子的班導王老師打來電話，希望阿傑能夠去學校一趟。

阿傑知道肯定是兒子闖禍了。到了學校，王老師對阿傑說：「小齊（阿傑兒子）最近似乎很暴躁，今天一位女同學說小齊的手錶沒有她的漂亮，小齊一生氣，竟然將這位女同學的手錶扔到地上，摔壞了。」此時，阿傑似乎意識到了問題的嚴重性，之前兒子從來沒有摔東西的習慣，他心想可能是自己那天晚上的錯誤舉動，導致兒子產生這種不良的行為。

爸爸帶小孩妙招

在家庭生活中，發生磕磕絆絆在所難免，家庭成員間出現衝突也是再正常不過的事情了，而家庭衝突一般都不是什麼原則性的問題，都是一些雞毛蒜皮的小事情。不管是親子之間的衝突，還是夫妻之間的衝突，爸爸必須要妥善地進行處理，這對孩子感受親情是十分有幫助的。

1. 在矛盾面前要保持理智。

在家庭生活中，意見不合是常有的，此時父親一定要平靜對待，注意自己說話的語調，不要大聲吼叫，不要以為用大聲吼叫的方式能夠解決問題。如果父親能夠理智地去處理衝突，衝突就會化小，小事也就化無了。

2. 解決家庭衝突的關鍵是學會換位思考。

有些時候身處的位置不一樣，對待事情的看法就會有所不同。作為父親要嘗試站在家庭成員的角度想想，你會有不一樣的感悟。如果父親與孩子發生了衝突，一定要學會站在孩子的角度重新看待問題，這樣能夠讓父親產生更具體的認知。

3. 父親要懂得包容。

人非聖賢孰能無過，不要因為孩子的一些小過失就喋喋不休，嘮叨個沒完，更不要抓著一個錯不放手，要給他們改正的空間和時間。對待家庭其他成員也是如此，要學會包容家庭成員的過失，只有這樣才能找到解決衝突的方法，而不是將衝突停留在壓制的層面。

4. 避免冷戰，多溝通、多交流。

家庭是世界上最為親密的團體，如果出現意見不合，一定要透過交流的方式來解決問題，而不是各自保持沉默，一言不發，這是最不正確的處理方法。想要一家和睦，讓孩子感受到親情的溫暖，就要為他們建立和諧的家庭氛圍，而家庭氛圍是否和諧，相當程度上取決於家庭成員之間是否能夠坦誠地進行溝通。

因為孩子的教育問題而發生矛盾時，在處理的過程中一定要考慮到孩子的感受，不要用暴力的方式來解決家庭衝突，否則會讓他們錯誤地認為暴力、冷漠是解決問題的唯一方法。

親情是溫暖的、充滿愛的，而發生家庭衝突時正是檢驗親情的時候，父親要學會用正確的方式來處理家庭中的問題，理性對待發生的一切，只有這樣才能讓孩子感受到來自家庭的溫暖和愛。

爸爸帶小孩方法解讀

爸爸作為家庭的頂梁柱，在維護家庭和睦方面要發揮正面的作用。比如，可以定期帶家人出去走走，這樣做能夠緩解家庭成員的生活壓力，增進家庭成員的感情，也能夠讓孩子感受到來自家庭的愛和溫暖。與此同時，當父親在工作中產生負面情緒時，千萬不要將負面情緒帶到家中，更不要將家庭成員當作是情緒發洩的「出氣筒」，這樣做只會讓家庭成員之間的衝突更激烈，甚至會影響家庭的完整性。

榜樣效應：讓孩子學會尊老愛幼

什麼是榜樣效應？所謂榜樣效應就是具有代表性的先進人物，在影響和激勵人的過程中能產生的效果，以及在生活中發揮的帶頭作用。運用到教育中，就是父母要做孩子的榜樣，比如，如果父母希望孩子能夠好好學習，那麼自己就要做到好好工作。

善於利用榜樣效應對孩子進行教育，這樣做能夠讓他們感受到長幼尊卑。為什麼這樣說呢？

在家庭中，父親需要在孩子面前樹立正面的形象與威嚴，讓他們感受到父親充滿力量、正能量的形象。在這個過程中，父親必然要以長輩的姿態站在孩子面前，而孩子必然要明白自己在父親面前是個孩子。父親的這種威嚴感，並不代表父親可以肆意「壓制」孩子，而是意味著要孩子學會尊重長者。

如果在一個家庭中，孩子不懂得尊重父母，而父母也不知道愛護幼小，這個家就不能稱之為家。因此，在教育孩子的過程中，要讓他們明白基本禮數，這就需要父母為孩子做榜樣。首先父母做到敬愛長輩、愛護晚輩，孩子才會按照父母的樣子去對待長幼。

孟子雲：「老吾老，以及人之老；幼吾幼，以及人之幼。」尊老愛幼是一種美德，也是尊重自己的一種表現。人都是從幼年走向老年的，嬰兒時期的人類沒有生活能力，理應得到來自長輩的關愛，老人像快要燃盡的蠟燭，更應該得到應有的尊重。

爸爸帶小孩案例

老張 40 歲才有了兒子，因此他十分疼愛這個兒子，家裡的老人更是將孩子看作是家裡的「小皇帝」。無論兒子提出什麼要求，老人都會想盡辦法滿足他，不管是吃的、穿的，還是用的、玩的，都希望給他最好的。

這天，老張父親過生日，老張買了一個很大的生日蛋糕，希望等到晚上給父親慶祝生日時與家人一起分享。

老張將蛋糕帶回家，放到了廚房裡，然後便出門散步了。兒子放學回到家後，看到廚房有一個大蛋糕，便直接用手挖了一塊放到嘴裡，還將蛋糕上面的壽桃直接切下，然後開心地吃了起來。

恰巧老張回來了，看到蛋糕已經被兒子吃了一大塊，他生氣地對兒子喊道：「你不知道今天是爺爺的生日嗎？」

「知道啊。」兒子邊吃邊說。

「那你怎麼現在就吃蛋糕，爺爺還沒回來，再說還要給爺爺慶祝生日呢！」老張生氣地說道。

「我餓了呀，就算爺爺在家，我說餓了，爺爺也會讓我先吃的。」兒子不耐煩地說道。

老張聽了兒子的話十分生氣，然後對他講了孔融讓梨的故事：「孔融 4 歲的時候，就知道將大的梨留給哥哥吃，自己吃小的。你看，4 歲的孔融都明白尊重長輩的道理。」

兒子似乎並不屑於老張的教導，說道：「那為什麼每次吃飯的時候，爺爺奶奶還沒坐下，你坐下就開始吃？」

聽了兒子的話，老張竟然無言以對。很顯然，在生活中老張就沒有成為孩子的好榜樣，在老張身上兒子沒有看到他是如何尊重長輩的，自然會認為尊重長輩是不重要的。俗話說得好，人無禮則不立，事無禮則不成，國無禮則不寧。然而，現在一些孩子把傳統禮儀、教養丟到了腦後，這與父母是有直接關係的。

爸爸帶小孩妙招

在家庭生活中，要想讓孩子學會長幼尊卑，父親就要給他們做好榜樣。

1. 父親要在小事上做到尊重長者。

要讓孩子學會尊重長輩，作為父親首先要學會尊重長輩。在生活中，父親在各種小事上就要尊重長輩，比如，長輩開始用餐，自己才能用餐；長輩起身出門，自己要起身相送；長輩進門，自己要起身迎接，等等。從小事上注意自己的言行，能夠成為孩子的好榜樣。

2. 父親要懂得愛護幼小。

在孩子面前父親要意識到自己是長輩，要懂得愛護小輩。比如，幫助孩子解決問題，尤其是他們遇到了自己無法解決的問題時，作為父親要關愛孩子，只有這樣才能讓他們感受到尊重長輩也會被溫柔以待。

「我每次遇到困難的時候，都是爸爸為我指明方向的，我非常尊重我的爸爸，這就是我為什麼每次考試都是第一名的原因。」這是一位名校資優生講述的經驗。

不懂長幼尊卑的孩子就不會有孝心，孝是傳統美德，是尊長敬老的一種風俗。在家庭生活中，長幼尊卑，次序井然，才是應有的樣子。一個懂得長幼尊卑的孩子，背後一定有一位孝順的父親；一個明白禮讓幼小的孩子，背後一定有一位愛護幼小的父親。這樣的孩子做什麼都不會失敗。

爸爸帶小孩方法解讀

在所有的家庭教育中，父親的身教要比言教更有效果、更為重要。尤其是在孩子品行的養成方面，只有爸爸成為一個懂得長幼尊卑的人，孩子才可能成為尊老愛幼、懂禮知禮的人。相反，如果父親對待長輩不夠孝順，對孩子總是拳腳相向，那麼孩子會仿效你的行為，自然也不會成為一個尊老愛幼之人。教育孩子最直接的方法就是身教，父親要善於發揮榜樣作用，讓孩子從自己的身上看到尊老愛幼的重要性。

第十章　情感連結：
理解行為背後的情緒與需求

尊重孩子的情緒，不壓抑、不排斥

情緒是多種感覺、思想和行為綜合而產生的心理和生理狀態。我們對人類情緒的分類，主要包括快樂、感興趣、驚奇、憤怒、悲傷、厭惡、恐懼、羞恥、內疚，共九種。每一種情緒都有其特定的作用，無論是正面的情緒，還是負面的情緒，都可以對孩子的成長產生影響。情緒說到底其實沒有對錯好壞之分，只要我們運用得當，情緒是可以變成我們的幫手的。

隨著孩子的成長，他們的情緒也會變得越來越細膩，越來越豐滿。作為父親，你是否意識到了孩子情緒的存在？在生活中，很多父親意識不到孩子的情緒變化，也意識不到他們情緒的存在，總是以「才幾歲的孩子，能有什麼心事」為藉口，拒絕讓孩子產生情緒，甚至壓制他們的情緒。

當孩子對某件事情產生正面情緒的時候，父親可能不會覺得有什麼不妥，而當孩子對某件事情產生負面的情緒時，父親要加以重視，不僅不能忽略孩子的情緒變化，更不能用自己的情緒去壓制他們的情緒，也不能用自己的情緒排斥他們的情緒。

爸爸帶小孩案例

一位父親帶一個小男孩去看牙醫，小男孩的臉都有些腫了，顯然他牙痛得厲害，可能需要接受蛀牙治療，小男孩卻因為害怕而不敢進入治療室，父親態度強硬地將他拽到治療室，小男孩邊掙扎邊喊道：「我不要，我要回家！我怕痛！」父親感到很難堪，因為孩子在醫院裡大喊大叫。父親看到等候的其他同齡孩子都在安安靜靜地坐著等候，於是一股怒火油然而生。「哭什麼哭，你怎麼就知道哭！膽子這麼小，看個牙醫有什麼害怕的，趕快把眼淚擦乾，你要是再不乖乖地看牙醫，我就不管你了，反正也不是我牙痛。」這位父親生氣地說道。

只見小男孩瞬間不敢再哭鬧，他戰戰兢兢地坐到醫生的對面，接受醫生的檢查，而父親臉上露出了輕鬆的表情，顯然這是父親希望看到的結果。難道孩子的內心真的接受了父親的指責嗎？他真的不害怕了嗎？

這位父親表現出咄咄逼人的狀態，嚴厲的訓斥孩子，只能表明這位父親是一位壓抑型的家長。這樣的父親在生活中並不少見，他們不重視孩子的情緒，他們將悲傷、恐懼和生氣等看作是壞情緒，甚至會將孩子的負面情緒當作是錯誤的情緒。

小周發現兒子放學回來悶悶不樂，經過詢問才知道，兒子在學校跟同學吵架了。原來同學冤枉兒子，說兒子偷拿了他的橡皮擦。兒子解釋說自己沒有拿，但是同學依然對他不依不饒。小周了解了孩子的情況之後，便坐在兒子身邊對他說道：「爸爸小時候也經歷過這樣的事情，你知道當時爸爸是怎麼做的嗎？」

聽了小周的話，兒子不解地看著他。小周笑著說道：「我知道自己沒有偷拿他的東西，我也向他解釋了，但是他不聽，那這就不是我的問題了。雖然我也很氣憤，但是我不會一直去想這件事情，我玩了一會喜愛的玩具，然後就忘記了這件事情。第二天到了學校，同學找到了他的物品，我自然也就洗刷了冤情。」

兒子聽了小周的話，似乎瞬間明白了什麼，開始玩他最喜歡的玩具。第二天兒子回到家，開心地對小周說：「爸爸，我的同學找到橡皮擦了，他還跟我道歉了。」

對於孩子來講，他們的心靈是比較脆弱的，遇到一些自己解決不了的問題或情況時，內心可能會產生負面情緒。我們不要成為「壓制型」父親，去強制壓制孩子的情緒，讓他們無處發洩自己的情緒。我們也不能成為「排斥型」父親，直接排斥掉孩子的情緒，不去接受他們的情緒變化。

爸爸帶小孩妙招

一般來講，在父親壓制下長大的孩子，其自尊感非常低，女孩通常會表現出意志消沉、情緒調節能力差等傾向；男孩則表現為容易衝動，或者具有暴力傾向。既然壓制孩子的情緒會產生這麼多不利的後果，父親在生活中究竟要如何應對孩子的負面情緒呢？

1. 分析孩子產生負面情緒的原因。

孩子之所以會產生這些負面情緒究竟是因為什麼？這是父親在感知到孩子情緒不穩時首先要考慮的問題。孩子是因為身體不舒服才發脾氣，還是在學校和同學起衝突而生氣；是因為失敗而心情不好，還是因為沒有得到自己想要的玩具而心情低落；是因為交際能力差而丟失自信，還是因為被別人批評而不自信。總之，面對孩子的情緒，父親要先了解他們出現負面情緒的原因。

2. 對孩子表示理解。

如果父親理解孩子，就要讓他們知道你是理解他的，只有這樣孩子才能更願意與你進行交流。所以父親不要吝嗇自己的表達，讓孩子明白你是理解他的，只有這樣你才能真正了解他們情緒變化的原因。

3. 站在孩子的角度，幫孩子排解情緒。

在發現孩子產生負面情緒之後，作為父親要給孩子排解的空間，不要讓他們覺得自己心情不好的時候父親還在講大道理，完全不理解自己。這個時候父親最需要做的就是站在孩子的角度上，幫他們排解情緒。

爸爸帶小孩方法解讀

愛孩子的父親會尊重他們的情緒變化，理解他們的情緒變化，並給孩子足夠的空間，讓他們找到發洩情緒的出口。無論如何，父親作為孩子最重要的「領路人」，當孩子出現負面情緒時，一定要學會接納、理解他們的情緒，不僅如此，自己也要努力做一名「情緒管理訓練型」的家長。

保護孩子的心靈，避免過度刺激

小孩子哪有什麼祕密可言？他們每天都待在父母的身邊，父母對他們的一舉一動都十分了解，難道還有「隱私」嗎？是的，孩子雖然年齡很小，卻也有不少祕密。父親不但不能隨意揭穿孩子的「隱私」，還應當適當給予這些祕密一定的保護。

有些父親錯誤地認為孩子是不存在祕密的，便用肆無忌憚的態度對待他們，即便孩子沒有做錯事情，父親還是不放過「詆毀」他們的機會。許多父親可能不知道，過度地刺激孩子會讓他們變得懦弱，甚至會讓他們感到無助。

作為父親應該保護孩子的心靈，畢竟他們的心靈是脆弱的。在孩子的內心世界裡，父母是他們的全部。如果父親無端批評孩子，用諷刺的話語刺激他們，孩子會覺得自己十分無助，也會養成自卑的性格。

爸爸帶小孩案例

在一則報導中提到這樣的事情：

一個年僅 8 歲的男孩得了憂鬱症，這讓心理醫生感到十分不解。經過與小男孩聊天，心理醫生了解到，小男孩每天承受著很大的壓力，原來他的父親經常數落他。

「我感覺自己很差勁。」小男孩低著頭說道。

一個 8 歲的男孩竟然說出這樣的話，心理醫生問道：「誰告訴你，你不優秀的？」

「我爸爸天天說我是世界上最笨的孩子，因為我什麼都做不好，我好像只會發呆。現在我覺得做什麼事情都沒意思，玩具我也懶得玩，因為玩玩具我也很失敗。」小男孩說道。

心理醫生在小男孩的口中，幾乎聽不到一個正面的詞彙。顯然，這些話並不應該是一個 8 歲男孩說的話。可想而知，在生活中他的父親是怎麼貶低他、怎樣輕視他的。

「其實你很棒，你是我見過最棒的孩子之一。」心理醫生心痛地說道。

「真的嗎？可是我爸爸說我很差。」小男孩的眼神是那麼的無助。在這個世界上，不乏一些不懂得呵護孩子心靈的父親，這些父親總是以自己的喜好為導向，他們看到的只有孩子的缺點，即便有的孩子身上的亮點不夠耀眼，但是也足以讓父親看到。

爸爸帶小孩妙招

要成為一名合格的父親，就要學會保護孩子的心靈，讓他們的內心免受傷害，只有這樣才能讓孩子感受到更多的正能量，讓他們的世界裡充滿陽光。

1. 與孩子交談，多用正面詞彙。

「你很棒」和「你不差」給人的感覺是不一樣的。對於孩子來講，正面的詞彙更能讓他們感到快樂和喜悅，而負面的詞彙往往會給孩子的內心增添一層陰影。比如，當孩子犯錯之後，父親如果直接罵他「你真笨」，這無疑會讓孩子內心感到十分低落。如果父親看到孩子做錯事情之後，對他說道：「雖然你表現得不是那麼好，但我知道你不是故意的。」可想而知，孩子的內心除了會意識到自己的過錯之外，還會對父親表示感激。

2. 不要誇大孩子的缺點與錯誤。

在孩子的世界裡，他們渴望得到家長的理解，即便他們身上有很多缺點，他們也不希望自己的父母不認可自己。尤其是在他們做錯事情之後，父親千萬不要誇大孩子的過錯，否則會徹底傷了他們的心。

「我將魚缸裡的魚弄死了，但是我不是故意的，我怕牠太餓，所以就多餵了一些魚飼料，然後魚就死了。」小女孩說道，「但是爸爸不這麼認為，他說我是故意的，還說我不懂得愛惜小動物，說我殘忍。」

生活中不乏這種誇大孩子過錯的父親，也不乏動不動就指責孩子的父親，要知道父親的一言一行都可能會傷害到孩子的心，甚至會成為他們一生的心靈創傷。一個懂得保護孩子心靈的父親，才能夠得到他們真正的喜愛和尊重。

爸爸帶小孩方法解讀

從思想上來講，有些父親會錯誤地認為「孩子就是我的附屬品」。因為孩子還小，什麼事情都要依賴父母，無論是上學花錢，還是日常吃喝，都離不開父親，正因為如此，父親會將孩子定義為自己的「物品」，從而想打便打、想罵便罵，根本不考慮孩子的感受，這樣的父親怎麼能得到孩子的喜愛呢？

換位思考，理解孩子憤怒的原因

透過調查顯示，很多父親在教育孩子的時候會固執己見。其原因可能是受到傳統家庭教育觀念的影響，有些父親會對孩子形成固定的看法和結論，因此在生活中他們總是以自己的看法和觀點來衡量孩子、管教孩子，很少會考慮孩子的感受，其實這對孩子的成長是有百害而無一利的。

父親不妨換位思考，也就是站在孩子的角度去思考問題，這樣才能更容易理解他們，並讓他們感受到你對他的理解，否則孩子會認為你不夠理解他，甚至還會覺得你不愛他。

你知道孩子需要的是什麼嗎？是物質滿足，還是來自父母的理解和尊重？顯然，孩子希望擁有後兩者更多一些。在他們看來，如果父母不理解自己，那麼自己所做的一切只能換來父母的指責，孩子會覺得父母不愛自己。

在孩子眼裡，他們希望獲得來自父母的理解，尤其是在自己生氣憤怒的時候，他們不希望父親指責自己，而是希望父親理解自己為什麼會生氣，然而很多父親卻無法滿足孩子的這一看似簡單的要求。

爸爸帶小孩案例

「往右一點，不對，再往左邊一點，不對不對……爸爸，您又出界線了，怎麼回事啊，您真笨！」這是剛上五年級的童童說出來的話。在一堂親子溝通體驗課上，老師要求家長蒙上雙眼聽從孩子的指揮，從起點走到終點，然後拿一個皮球，再將皮球放到籃子裡。

爸爸小李聽到兒子童童說出這樣的話後心裡很憋屈，畢竟自己看不到只能聽兒子的指揮，所以難免會犯錯，但是一次次的錯誤引得兒子不停地抱怨。

「原來兒子犯了錯，我在教育他的時候他就是這種感覺。不僅會感到委屈，還會覺得十分憤怒。」

透過這次活動，小李意識到原來自己平時責備孩子，孩子竟然會是這種感受。在同一個活動現場，作為爸爸的阿鵬也體會到了孩子的心情。

「我矇住眼睛找東西的時候，因為總是找不到籃球的位置，所以心裡很著急，甚至還有些生氣，這個時候我就覺得孩子指揮得不好，所以很想發脾氣。」阿鵬說道，「我現在明白為什麼有時候孩子會發火、會憤怒了。」

這次活動讓很多父親了解了孩子，讓父親明白孩子為什麼會生氣、為什麼會委屈，而生氣、委屈的表現在之前父親的眼中竟然是「莫名其妙」的。

爸爸帶小孩妙招

父親要學著換位思考，站在孩子的角度思考問題，只有這樣才能讓孩子感受到你對他的愛。那麼，作為父親究竟該如何去做呢？

1. 父親要學會換位思考。

在客觀上要求我們能夠將自己的內心世界與孩子的內心世界進行有效的連結。比如，情感體驗、思考方式等，與孩子進行聯繫，站在他們的立場上體驗和思考問題，從而與孩子在情感上得到溝通，為增進相互理解奠定堅實的基礎。

2. 分析孩子生氣的原因。

大部分時候，孩子生氣是有原因的。他們與成年人一樣，不可能會無緣無故發脾氣，孩子生氣可能是因為學習的壓力、與朋友起衝突，等等，不管是哪種原因，父親要先了解孩子生氣的原因，只有這樣才能找到緩解他們生氣的方法。

3. 不要過多干涉孩子的行為。

有些家長總是不放心孩子做某些事情，甚至喜歡干涉他們做事情。孩子想要掃地，爸爸會說：「別掃了，看你掃得一點也不乾淨。」孩子想要做一個小實驗，爸爸會說：「真麻煩，別弄了，你還不如去學習呢。」當父親總是站在自己的角度干涉孩子的行為時，孩子會覺得自己根本沒有自由，會逐漸喪失思考的能力。給孩子一定的行為自由，讓他們感受到父親的理解吧！

在這個世界上，無論你希望把孩子培養成為什麼樣的人，都需要你付出很多精力去了解孩子，尤其是在他們生氣的時候，這個時候是我們走進孩子內心的最佳時機。我們不妨分析一下孩子生氣的原因，找到化解他們負面情緒的方法，從而讓他們更願意與你交談。

爸爸帶小孩方法解讀

換位思考，其實就是設身處地為對方著想，即想別人所想，理解別人的思考模式和心理變化，這是人與人之間交往的基礎。與孩子交往更需要如此，父親要站在孩子的角度去思考問題，進而幫助他們解決問題，只有這樣才能獲得孩子的理解，親子關係才能更加親密。

認真聆聽，了解孩子的情感蛻變

父親應該愛孩子，而不是溺愛孩子；父親要教育孩子，而不是用簡單粗暴的方式來對待孩子；父親要引導孩子，而不是處處越俎代庖。很多父親在教育孩子時，不自覺地就會陷入種種錯誤。其實，在教育孩子的過程中需要我們靜下心來，認真聆聽孩子的心聲，這樣才能找到適合自己的最佳教育方式。

聆聽孩子的內心是非常正確的教育方式，只有知道了他們心裡是如何想的，才能正確引導孩子健康成長。如果在遇到事情的時候父親對孩子只是一味地發火，反而會使他們的情緒一直壓抑著，這對孩子的成長非常不利。擅長教育孩子的父親很少會對孩子發火，他們善於透過聆聽孩子的想法來了解他們的心聲，從而找到解決問題的辦法。

了解孩子的情感和內心之後，父親才能真正了解他，在孩子情感上出現波動的時候，才能夠幫助他化解心中的壓力和不快。

聆聽孩子講話，一方面意味著不管他們說得是對還是錯，都要讓他們暢所欲言，有什麼就說什麼；另一方面意味著父親要耐心地聆聽，什麼話都能聽得進去，並且不要打斷孩子，讓他們一次說完;更意味著父親要摒棄「我是大人，我要教育你」、「我要你聽我的」這些思想，只有這樣才能真正做到耐心聆聽孩子說話。

爸爸帶小孩案例

曾經有一位父親這樣抱怨道：「我們家孩子 13 歲了。現在的孩子也不知道到底是怎麼了，跟父母沒有話講。每天回家之後，他就往自己的房間裡一鑽，門『砰』地一關，就再也不出現了，直到吃晚飯才出來。你說他性格沉悶不愛說話吧，他和同齡孩子在一起的時候總是有說有笑的。跟我們家長說話時就像是和外人說話一樣，表現出極不耐煩的樣子，這真讓人不知該如何是好。這種情況肯定不是我們家獨有的，我猜很多家長都遇到過。」

教育專家聽了這位父親的話，問道：「您的孩子一直都是這樣的嗎？」

「那倒不是，之前上幼兒園的時候，回家之後他會講很多學校發生的事情，嘰嘰喳喳說個不停。他每天放學回來家裡都很熱鬧，就是有時候我回家後還會繼續工作，根本沒時間聽他講了什麼，甚至懶得和他講話。」父親說道。

「他想要和您交談的時候，您不認真聽他說話，時間長了他自然不想再和您交流了。」教育專家說道。

在孩子的成長過程中都會有這樣一個階段，即孩子十分主動地與大人分享自己的經歷。如果父母不去認真聆聽孩子的分享，久而久之他們便不再主動與父母進行交談，此時父母想要了解孩子的內心世界，就變得十分困難了。

爸爸帶小孩妙招

爸爸在陪伴孩子的過程中需要付出耐心。尤其是與孩子進行交流的時候，要透過耐心的聆聽，來了解孩子的內心世界。

1. 鼓勵孩子分享自己的情緒。

與孩子在一起的時候，父親可以鼓勵孩子，讓他們分享自己的經歷。比如，講講在學校發生了什麼有趣的事情，孩子一天的心情是怎樣的，可以讓他們多分享自己的情緒。鼓勵孩子分享自己的心情，其實就是在透過分享來了解他們的心情變化，不讓孩子將事情藏在心裡。

生活中，父親可以多對孩子說「有什麼不開心的事情，都可以告訴爸爸，爸爸會想辦法幫你的」、「你今天在學校發生了什麼有趣的事情，可以和爸爸說說嗎？爸爸很樂意聽」等，這些鼓勵性的話語，讓孩子明白你關心的不僅僅是他們的學習成績，更關心他們的心情。

2. 培養孩子的語言邏輯能力。

在與孩子溝通的過程中，可以鍛鍊他們的思考能力，增強他們的人際交往能力。有些父親不注重孩子的內心想法，當他們想要和父親進行溝通的時候，父親總是沒有耐心和孩子進行交流，甚至會因為一些小事情而責備他們，這是非常不好的行為，時間長了會對孩子今後的成長和人際交往造成阻礙。

3. 不要輕易打斷孩子講話。

在聆聽孩子講話的過程中，父親不要輕易打斷他們的講話，因為一旦打斷孩子講話，勢必會讓他們感到沮喪，甚至會導致他們思緒中斷，這對孩子專注力的培養也是十分不利的。

有些父親總是習慣打斷孩子講話，並認為這是一件很不重要的事情，其實這不但會對孩子的思想發展產生不利的影響，還會對父親與孩子的情感建立產生不利的影響。

父親陪伴孩子成長需要尊重他們的態度，知道他們的內心想法，這樣才能給予孩子正確的教育，才不會讓他們的情緒憋在心裡。尤其是當孩子的情緒發生變化的時候，一定要及時引導他們，這樣才不會導致孩子悶悶不樂，行為出現偏差。

爸爸帶小孩方法解讀

孩子的情感變化往往關乎他們的心理變化，父親能夠及時了解孩子的情緒變化，對他們的成長是十分有幫助的。從一定程度上來講，父親關心孩子就需要關心他們的內心世界、聆聽他們的心聲，當孩子的情緒出現波動的時候，要給予更多正面的引導，只有這樣才能保證你能夠成為孩子眼中的那個「知己」。

恰當的時候，表達共情

為什麼「共情」這個詞語被很多兒童教育專家頻繁提及？當孩子的情緒如泉湧一般出現時，作為父親的你會怎麼應對呢？很多父親會急於安撫、制止哭聲，這種看似讓孩子停止哭泣的方法，真的對他們的情緒管理有幫助嗎？其實，比制止孩子哭泣更好的辦法是表達「共情」，這種方法不僅能夠幫助父親緩和局面，還能夠呵護孩子的內心。懂得共情的父親更容易走進孩子的內心世界。什麼是「共情」？共情指的是同理心、同感心、通情達理等，是體驗別人內心世界的能力。有時候孩子發脾氣和父親訴苦，只是想讓父親理解自己，而並不是為了讓父親「教育」自己。所以父親要設身處地地理解孩子，讓他們感到自己被理解、接納，這樣能夠促進孩子進行自我表達和自我探索。爸爸總是被認為是「粗線條」的，即總是用最粗暴、最直接的方式來教育孩子，而共情教育正是與這種「粗線條」相反的一種教育方式，它要求父親能夠設身處地地為孩子著想。當孩子感受到與父親的情感相通的時候，他們會更加願意與父親進行溝通。

爸爸帶小孩案例

張小雨哭著進了家門，作為爸爸的老張看到兒子哭著回了家，他意識到肯定有事情發生。便走到兒子面前，問：「發生了什麼事情，你怎麼這麼難過？」

「今天小強把我最喜歡的鉛筆盒弄壞了。」小雨說道。

「哦，那個鉛筆盒的確很酷，上面有你最喜歡的鹹蛋超人，可是，他為什麼會將你的鉛筆盒弄壞呢？」老張說道。

「因為我和他開玩笑的時候拿了他的鉛筆盒，我不小心將他的鉛筆盒摔在了地上，所以他生氣了，把我的鉛筆盒也摔在了地上。」小雨說道。

「我明白了，你不是故意摔壞他的鉛筆盒的，但他是故意摔壞你的鉛筆盒的。」老張說道。

「是啊，我又不是故意的，但是他是故意的。」小雨委屈地說道。

「我明白你是多麼的傷心，爸爸在小的時候也與好朋友發生過衝突，當時我也是很生氣，並且還對好朋友說再也不理他了。」老張說道。

「我也說了，我說我再也不理他了。」小雨不再哭，而是哽咽地說著。

「後來我發現因為一件小事情就影響與好朋友的感情實在是不值得。我甚至覺得對不起好朋友，因為他曾經還送過我生日禮物呢。」老張說道。小雨不再說話，老張說道：「後來我想了想，其實自己也有錯，當時和好朋友起衝突主要是因為我偷偷拿了他爸爸送他的橡皮擦，然後還把橡皮擦弄丟了。」

「爸爸，那您做得不對，您的好朋友一定很喜歡他爸爸送給他的禮物。」小雨說道。

「對啊，所以後來我主動向好朋友道歉，他也向我道歉，我們又成了最好的朋友。」老張說道。小雨已經忘記了自己的委屈，老張也沒有要求小雨給好朋友道歉。第二天，

小雨高高興興地回到家，興高采烈地對老張說：「爸爸，我和小強和好了，我們還是最好的朋友。我向他道歉了，因為我沒有經過他的允許就拿了他的鉛筆盒，還不小心給弄壞了，所以我也有錯。小強也向我道歉了，他說他不該故意將我的鉛筆盒摔壞。」

老張聽了小雨的話，開心地笑著說道：「明天爸爸可以給你買兩個一模一樣的鉛筆盒，你可以送給小強一個。」

「這個主意真棒！爸爸，謝謝你！」小雨開心地喊道。對於老張來講，他在了解了孩子為什麼傷心的同時，並沒有去制止他哭泣，而是向他表達自己的想法，而且這種想法的表達是透過共情的方式，而非說教式的方法。與孩子表達共情，能夠讓他們感受到安慰與理解，還能讓孩子看到自己的缺點和不足。

爸爸帶小孩妙招

很多父親可能不知道如何才能真正與孩子共情，我們不妨從以下幾個方面著手：

1. 主動傾聽並接納孩子的感受。

聆聽孩子的話語本身就是尊重孩子的一種表現，讓他們感受到來自父親的尊重，自然能夠讓孩子敞開心扉。不僅如此，

父親要多蹲下來，在孩子的立場設身處地地體驗他們的感受，並誠實地向孩子表達自己的感受。

2. 不要從自己的角度去思考孩子的問題。

尤其是面對影響孩子情緒的事情時，父親不要急於用否定、拒絕、質疑的態度與孩子進行交流，更不要讓他們感受到來自父親的不屑與漠視。對待孩子的問題，有的父親表現出來的是過於關心，而有些父親表現出來的是冷淡，這都不是正確的與孩子溝通的方式。

3. 放下經驗、權威和評判的習慣姿態。

將自己置身於孩子的位置，用他們的角度去思考問題。當孩子的想法與父親的想法出現不一致的時候，父親不要一味地教訓、抱怨孩子，更不要採取「我吃過的鹽，比你吃過的飯還多」這種強硬的態度，將自己的觀點強制放在孩子身上。經驗是很重要，但並不能完全複製。

4. 在不確定孩子的真實想法時，父親可以直接開口詢問。

在詢問的過程中一定要注意自己的語氣，同時向孩子回饋自己的想法，確認自己和孩子的理解不存在偏差。

5. 靜靜地陪伴孩子，也是一種共情。

作為成年人，我們有時候遇到不開心的事情時，也不願意與別人交談，我們希望保持安靜的狀態，不願意聽到別人喋喋不休。所以，當孩子遇到不開心的事情時，我們可以陪伴在他們身邊，但是不要急於開口。在這個過程中，我們只要保證自己與孩子站在同一個角度去進行體驗即可。當孩子因為新事物的出現而產生恐懼心理時，我們要善於用自己的親身經歷與他們一起應對，幫助孩子擺脫這種恐懼心理。同樣，在與孩子進行交流的過程中，我們更要學會關注他們的正面情緒，這不但對孩子的成長有利，還會讓他們養成樂於分享快樂的習慣。

共情的主要目的是為了能感受和了解孩子的想法，尤其是要讓他們知道父母理解他們，讓孩子願意認真地與父母進行交流。理解孩子，並不意味著事事要按照他們的想法去做。表達共情與堅持規則並不衝突，這只不過是一個執行先後順序的問題，我們需要先共情，再遵循規則，最後再解決問題。

爸爸帶小孩方法解讀

聰明的父親在了解孩子情緒變化的時候，會常用「你感到……，因為……」，而不是「我覺得……」。當父親站在孩子的角度去思考他們遇到的問題時，自然能夠理解孩子為什麼會憤怒、為什麼會委屈、為什麼會開心地笑，只有了解了孩子的真實感受，才能讓他們感受到父親是理解自己的，從而更願意與父親進行交流。

後記

「子不教，父之過」，在家庭教育中父親的地位是不容忽視的。隨著社會的發展，各種關於父親教育孩子的方法湧現出來，有的父親遵循「虎爸」策略，認為「棍棒之下出孝子」；有的父親認為「零陪伴」一樣可以教育好孩子。我們暫且不論這兩種觀點是否正確，但是對孩子如果只有苛責，沒有鼓勵，他們的生活怎麼會快樂？他們怎麼能感受到來自父親的愛呢？

我們誰都不希望父親只是家庭的「權威」，更不想讓他成為孩子心目中那個冰冷、嚴酷、毫無樂趣可言的「冷面父親」，我們希望父親能夠成為一個溫暖、智慧、充滿情趣的「情感爸爸」。在孩子的世界裡，他們需要來自父親的關懷和鼓勵，更需要來自父親的指引與幫助。父親不應該是孩子眼中那個可有可無的人，也不應該是那個只懂責備、不懂誇獎的「暴躁狂」。父親也不應該是那個不懂溫柔與讚美的人。要知道，孩子需要讚美之聲，需要來自父親的認可與認同。

愛孩子，不妨大膽地表達出你的愛。用父愛去溫暖孩子的內心，成為他們成長道路上的夥伴，成為家庭中最懂他們的那個人。父愛不應該成為孩子的「奢侈品」，而應該是他們成長的

「必需品」；父愛不應該是不苟言笑的「代名詞」，而應該是智慧的「明信片」。

電子書購買　　爽讀 APP

國家圖書館出版品預行編目資料

父職進化論！踏上爸爸的肩膀，讓孩子觸碰到他想要的天空：鼓勵代替責備、傾聽代替教訓……10 招教會「好爸爸」如何養出「好小孩」/ 喆媽 著 . -- 第一版 . -- 臺北市：樂律文化事業有限公司 , 2025.01
面；　公分
POD 版
ISBN 978-626-7644-32-4(平裝)
1.CST: 父親 2.CST: 親職教育 3.CST: 子女教育
528.2　　114000120

父職進化論！踏上爸爸的肩膀，讓孩子觸碰到他想要的天空：鼓勵代替責備、傾聽代替教訓……10 招教會「好爸爸」如何養出「好小孩」

臉書

作　　者：喆媽
責任編輯：高惠娟
發 行 人：黃振庭
出 版 者：樂律文化事業有限公司
發 行 者：崧博出版事業有限公司
E-mail：sonbookservice@gmail.com
粉 絲 頁：https://www.facebook.com/sonbookss/
網　　址：https://sonbook.net/
地　　址：台北市中正區重慶南路一段 61 號 8 樓
8F., No.61, Sec. 1, Chongqing S. Rd., Zhongzheng Dist., Taipei City 100, Taiwan
電　　話：(02) 2370-3310　　傳　　真：(02) 2388-1990
律師顧問：廣華律師事務所 張珮琦律師
定　　價：350 元
發行日期：2025 年 01 月第一版
◎本書以 POD 印製